汉译世界学术名著丛书

法律与道德

〔美〕罗斯科·庞德 著

陈林林 译

商務印書館
创于1897 The Commercial Press

Roscoe Pound
LAW AND MORALS
The University of North Carolina Press, 1926
本书据北卡罗来纳大学出版社 1926 年版译出

汉译世界学术名著丛书
出 版 说 明

我馆历来重视移译世界各国学术名著。从 20 世纪 50 年代起，更致力于翻译出版马克思主义诞生以前的古典学术著作，同时适当介绍当代具有定评的各派代表作品。我们确信只有用人类创造的全部知识财富来丰富自己的头脑，才能够建成现代化的社会主义社会。这些书籍所蕴藏的思想财富和学术价值，为学人所熟悉，毋需赘述。这些译本过去以单行本印行，难见系统，汇编为丛书，才能相得益彰，蔚为大观，既便于研读查考，又利于文化积累。为此，我们从 1981 年着手分辑刊行，至 2016 年年底已先后分十五辑印行名著 650 种。现继续编印第十六辑、十七辑，到 2018 年年底出版至 750 种。今后在积累单本著作的基础上仍将陆续以名著版印行。希望海内外读书界、著译界给我们批评、建议，帮助我们把这套丛书出得更好。

商务印书馆编辑部

2018 年 4 月

献给亨利·摩尔·贝茨

目　录

第二版前言

借此新版的机会，我做了一些勘误和解释，并对注释和参考文 x
献做了补充。有人抱怨书中我没有提出自己的理论，只是收集了对 19 世纪理论的批评，对此能否让我不再重复第一版前言中的最后一段话？就我看来，一个迫切的问题是何为法律的理想要素——法律目的之公认理想，以及法律规则的应然状态及其努力目标之公认理想。这种理想要素塑造了部分可靠的司法工具。从根本上说，这是一个与法律制定、司法发现、司法解释和法律规范适用相关联的价值理论问题。在调整或者整合相互冲突或重叠的诉求时，应当承认哪些诉求，以及如何界定和保障这些诉求等问题，都依赖于一种价值纲目或一个价值理论。不过要充分探讨这一主题，得另行撰写一本大书。

罗斯科·庞德

于哈佛大学法学院

1926 年 4 月 19 日

第一版前言

vii 上世纪法学著作的三大主题是:法律的性质,法律与道德的关系,以及法律史的解释。19 世纪三个法学流派对第一个主题展开了持续一个世纪的争论。分析法学家和历史法学家探讨了第二个主题,他们反对 18 世纪根据道德来识别法律的做法。几个哲学流派对这一主题也进行过讨论,提出了法学从属于伦理学的理论,以及其他与此成对比或相对立的理论。第三个主题和分析法学派无关。历史法学家和哲理法学家们参照伦理解释和政治解释,对其进行了讨论。稍后的机械社会学家们主张人种学和生物学的解释,而其他学派,尤其是经济唯实论者,力主某些经济形式的解释。关于法律之性质以及法律史解释的争论,都和法律与道德之关系的争论密切相关。但从某种意义上说,法律与道德之关系,只是法律之性质问题的一个方面。此外,对法律之性质的看法,蕴含于所有对法律发展的解释之中。

viii 当今关于法律之性质的讨论,即将被关于法律之目的或目标考虑所取代。就如以往关于法律和道德的讨论,即将被并入关于法律在整个社会控制过程中的地位这一更全面的考虑之中。有关法律史的解释,争论也不再以那种假设为基础,即存在某种单一的理念,凭此可以随时随地、随心所欲地解释所有关于法律和法律史的现象。但19世纪的讨论绝未因此而丧失了重要性。我们的工作离不开已有的法律材料和法学工具，唯有批判地研究昨日的法学思想，才能把握那些材料及其潜在价值，以及那些工具的潜在价值。

因此，上世纪的法学思想史应当成为今日一门实际的法律科学。这部历史的某一块，应当是对有关法律和道德之关系的法学思想之说明。但必须铭记它只是一个宏大故事的某个部分。如果它以这一形象出现，那么在某种程度上它必定是从整体中所切割出来的一块碎片。另外，如果打算仅以几个简短的讲座对其进行介绍的话，介绍者就必须尝试这一切割过程。这种尝试是有意义的。因为今日法学家的主要任务，仍然是像上个世纪那样，去评判 ix
法律科学之现有目标的价值。这种评判的第一个步骤，应当是完全理解所要评判的学说。要做到这一点的话，必须了解催生这些学说的需要，以及它们与所处时代的法学问题之关系。

对法律与道德之关系的全面探讨，将涉及当今的社会哲学和社会学理论，就如我努力寻求进入上世纪历史的、分析的和形而上学的理论那样。但是讲座安排方面的限制阻止我这么做。另外，一个次要的任务——如讲座所特意说明的那样，是为充分探讨当前的理论做一必要的先导。

罗斯科·庞德

于哈佛大学法学院

1923年3月31日

I

历史的视角

1 如果我们将18世纪末和19世纪末的法学著作和司法判决进行比较的话，就会注意到对法律的性质、法律规范的约束力来源、法律与道德的关系，以及与其相随的法学(jurisprudence)与伦理学的关系问题，它们的态度发生了通盘转变。布莱克斯通(Blackstone)[1]对“道德规范或自然法”一视同仁，并将自然法视为法律约束力的最终标尺，认为法律规范必须接受自然法的检验，并从后者那里汲取自身全部的力量和权威。[2] 而威尔逊(Wilson)的一系列法律讲义(由联邦宪法的一位设计者和美国最高法院的一位法官经手，发表于1790—1791年间)，又一次以法律约束力的道德依据、实在法所宣称的自然法或普遍道德原则这两讲为开端。[3] 与
2 此相反，在19世纪末英语地区使用最广的那本法理学著作，开篇就以“某些类似道德原则……并由不确定的权威予以实施的规则”

---

① 1 Bl. *Comm*. 41.

② “这种自然的法律与人类同在，它由上帝本人订立，当然高于其他任何法律。它的效力及于整个世界，及于所有国家、所有时段。人定法一旦背离它，就不具有任何效力。而那些有效的法律则是直接或间接地从这个源头汲取自身所有的力量和有效性。”Ibid.

③ 1 Wilson's Works (Andrews' ed.), 49－127.

为基点详述法律，并将自然法完全排除在论题之外。① 同样，当米勒（Miller）法官在 1889—1890 年间讲述宪法时，已感到自然法与道德规范完全失去了立足之地，因而只能以政治的和历史的根据来取代威尔逊法官所提出的伦理的和哲学的根据。② 如果在同一主题下比较 18 世纪和 19 世纪在准契约（quasi contract）、另行审判或法条解释方面的司法判决，会发现存在同样显著的反差。③但

---

① Holland，*Elements of Jurisprudence*，chaps. 3－4. 该书还比较了布莱克斯通和现今使用于英格兰的著作：Odgers，*The Common Law of England*（2 ed.）Ⅰ，2－3；Stephen，*Commentaries on the Laws of England*（16 ed. by Jenks），Ⅰ，11 ff.

② Miller，*Lectures on the Constitution of the United States*，lect.2，particularly pp.82 ff.

③ 在准契约方面，可将以往司法判决中关于荣誉和良心的主张[e.g.，De Grey，C.J.，in *Farmer v. Arundel*，2 Wm. Bl. 824；Lord Mansfield，C.J.，in *Bize v. Dickason*，1 T. R. 285；De Grey，C.J.，in *Jaques v. Golightly*，2 Wm. Bl. 273（如今已失效）；Lord Mansfield，C.J.，in *Moses v. Macferlan*，2 Burr. 1005（其结果在今日无效）；Lord Loughborough，C.J.，in *Jenkins v. Taylor*，1 H. BL. 90.]，与对"贝利斯诉伦敦主教"案（*Baylis v. Bishop of London*，1913，1 Ch. 127.）之不公正结果进行冷漠的机械论析做一比较。

关于另行审判，可比较：*Deerly v. Duchess of Mazarine*（2 Salk. 646）；*Farewell v. Chaffey*（1 burr. 54）；*Burton v. Thompson*（2 Burr. 646，665），with *Reg. v. Gibson*（18 Q.B.D. 537，540）；*Waldron v. Waldron*（156 U.S.361，380）。

在"迪尔利诉玛萨林公爵夫人"（*Deerly v. Duchess of Mazarine*）一案中，"虽然公爵夫人提供了自己作为已婚妇女的有利证据，但陪审团倾向支持原告。法庭不会对这一案件予以另行审判，因为公爵夫人作为本地一名单身女子，没有理由通过结婚来逃避清偿个人的正当债务。"

在"国王诉吉布森"（*Reg. v. Gibson*）一案中，首席法官科尔里奇爵士（Lord Coleridge）说道："因为法院声称自己不决定事实问题，在司法法通过以前，如果有些许证据的采纳是不合法的，只要这些证据可能影响到定罪，并且已经展示给了陪审团，那么根据规则，与证据提供方对立的当事人有权要求另行审判。因而，当这类证据被展示给陪审团后，另行审判就被当作一种权利授予给一方当事人。"因此在"沃尔德伦诉沃尔德伦"（*Waldron v. Waldron*）一案中，怀特法官（White，J.）说道："非法证据的采纳直接导致情事逆转，是一种常识。"

3 是19世纪关于法律的性质、法律规范的约束力、法律与道德之关系的学说，与17、18世纪同类主题的学说有着紧密的联系。在某种程度上，前者是后者在不同阶段的发展，也是对后者所作的不同形式的回应。反过来，自然法学说和流行于16世纪以前的各种理
4 论，也存在着一种类似关系。在16世纪以前，法学只是神学哲学的一个分支、一种应用。的确，直至19世纪，法学的神学基础仍然是一个重要的议题。①

所有关于法律与道德的关系、法学与伦理学之关系的讨论，都可以追溯至公元前5世纪的希腊思想家那里。希腊思想家们曾探

关于法条的局限，可比较“特鲁曼诉芬顿”案（*Trueman v. Fenton*, Cowp. 548）、“匡托克诉英格兰”案（*Quantock v. England*, 5 Burr. 2630）与“夏普利诉阿博特”案（*Shapley v. Abbott*, 42 N.Y.443）。毫无疑问，在前引两个案例中，曼斯菲尔德爵士（Lord Mansfield）在法条中掺入了太多的个人道德立场，而忽略了其他即使从纯粹伦理角度出发也不应遗漏的因素。但在另一个极端，19世纪的司法判决过于冷落伦理考量，并开始从事语词结构的逻辑演绎。

参见威尔斯（Willes, J.）法官在“米勒诉泰勒”（*Miller v. Taylor*, 4 Burr. 2303, 2312, 1976）一案中的决定，声称“如果将正义、道德得体性和公共利益……适用于新问题，将使普通法上的先例不复存在”，并请比较麦克诺顿爵士（Lord Macnaghten）在“布莱克本诉维格斯”（*Blackburn v. Vigors*, 12 App. Cas. 531, 543, 1887）一案中的决定。

另请参见斯蒂芬（Stephen）在《英格兰刑法史》（*History of the Criminal Law of England*, Ⅱ, 213）中对《福斯特刑事法》（*Foster's Crown Law*, 1762）一书的评论。并请比较安农（Anon）的《福斯特刑事法》（3 ed. 439）与“温彻斯特公司诉霍布斯”（*Winchester Corporation v. Hobbs*, 2 K.B. 471, 483, 1910）一案的判决。在书中一条限制政府储备财产的法规下注有：即使缺少获得这些财产的证明文件，只要不存在欺诈或过错行为，予以定罪也被认为是“违反自然正义的”。在后一案例中，法官肯尼迪爵士（Kennedy, L. J.）说道：“我认为当局显然做了权衡，即在分析今日某一法条时，不会对犯罪意图（*mens rea*）进行推定。”

① 1 Bl. *Comm*. 40 ff.; 1 Wilson's Works (Andrews' ed.), 105 ff.; 1 Kent, *Comm*. 2; 1 Minor, *Institutes of Common and Statute Law*, Intr. sect.ii.

究正当(right)或公正(just)的依据是自然,抑或仅仅是习惯和法律?在古希腊,城邦法律作为一种常见且极富效率的控制形式,有别于一般的社会控制。思想家们因而关注法律,并在纯粹的服从习惯、当时掌权者的意志以外,为法律约束力寻求更为坚实的依据。希腊哲学家注意到自然现象是统一的,无论在希腊、波斯还是迦太基,太阳都升而复降,火都炙热发光,而水都潺潺流淌。但人们的法律、习惯以及对它们的遵从情况却千差万别。这种差别不仅存在于希腊人和其他民族之间,也存在于希腊的不同城邦之间,甚至存在于同一城邦的不同时期之间。[1] 希腊哲学家也明白,这些众所周知的事实,往往会使法律规范的约束力受到质疑,使法律 5
看上去臣服于其时占政治优势地位的寡头政治或平民政治的专制权力,并使一般安全受到了威胁。以往的解说有:法律是神所赐予的礼物;[2]法律是睿智之士的教导,他们知晓哪些是合乎神意的、有益的旧习俗;[3]法律是全体公民协议的产物,它凭借正式承诺的神圣性而获得约束力,则是一种较为时髦的解说。[4] 不过这些解说在以下场合仍然不足以说明问题:贵族阶层和下等民众的争夺;

① Pseudo-Plato, *Minos*, 315 B, 315 C, 316 A; Aristotle, *Nicomachaean Ethics*, v, 7; Plato, *Protagoras*, 337 D; Archelaus, ap. Diog Laert. ii, 16. Cf. Cicero, *De Republica*, iii.

② Demosthenes, *Against Aristogeiton*, 774; Cicero, *Philippic*. xi, 12, 28. Compare Heraclitus on Law, Diels, *Fragmente der Vorsokratiker*, fr. 44.

③ Demosthenes, *Against Aristogeiton*, 774;或者说法律是远古时代可靠习俗的汇总。Pseudo-Plato, *Minos*, 321 B, 321 C; Plato, *Laws*, 797 D.

④ Demosthenes, *Against Aristogeiton*, 774; Plato, *Crito*, 50 C, 51 D, 52 D; Pseudo-Plato, *Minos*, 314 C; Xenophon, *Memorabilia*, 1, 2, § 43; Anaximenes, quoted by Aristotle, *Rhetoric to Alexander*, i.

平民因为那些具有神圣血统的专横人物漠视对其神授权力所施加的人为限制，而努力对后者进行控制；经一个平民领袖的提议而以立法命令取代专制法令的趋势，与残存的等级传统之间的竞争。①
6 因此，哲学家试图通过比附自然世界日常现象的恒定性和普遍性，为社会秩序的可靠安全性找出依据。就像今日的实证社会学家们试图发现社会现象的一般规律那样，这种做法还借鉴了物理学或天文学规律的发现方式。② 但是，就"自然"一词的近代意义来说，发展一门关于社会秩序和法律秩序的自然科学的时机在那时并未成熟。另外，只有从形而上学的伦理学出发，才能够区分持久性社会控制和暂时性社会控制。

经罗马法律家之手，古希腊关于根据自然的公正和根据习惯与制定法的公正之理论，促成了"源于自然的法"和"源于习惯或制定的法"之间的区分。罗马法发展的关键期，在与希腊哲学邂逅之时，并见诸法律解答者（Jurisconsult）的意见和著述之中。那些法律解答者没有正式的法律制定权，他们的意见依靠自身的内在合理性得以立足。同希腊人一样，如果完全依据自然而非习惯或者制定法，这些意见就会被当作法律提出来。依据自然的正当或公
7 正，借由自然或自然法成为了法律，由此也开启了根据道德识别法

① Plato, *Laws*, 797 D.

② "目前人类的智力已经领悟了天穹和大地的物理过程——力学、化学和有机物理学（包括植物的和动物的），但仍有待于一门科学来充实经验科学的序列，这门科学就是社会物理学。" Comte, *Positive Philosophy*, transl. by Martineau (American ed.), 30. See also Durkheim, *Les règles de la méthode sociologique* (6 ed.), 176－179; Lévy-Bruhl, *La morale et la science des moeurs* (5 ed.), 285 ff.

律的做法，而自那时起，这种做法成为了自然法思维的特色。[①]

至中世纪后期，亚里士多德和查士丁尼（Justinian）是唯一允许予以解释的权威。[②] 自然法学说借由这些权威的论述得到了认可，而无须求助于创造性方法，或者依据自身所蕴含的道德标准对法律规范来一番批评检测。因为中世纪并不需要那样的创造性理论。一方面，经历数个世纪的战乱之后，中世纪需要一种有助于稳定的理论。另一方面，地方性法律和习俗已被证明满足不了社会发展的需要，中世纪需要一种普遍的法律，来取代它们，或者说弥补它们的不足，给予一个新的起点和更好的引导。权威典籍——照例是以逻辑方法对不容置疑的文本进行发挥——满足了前一个需要，所谓对罗马法的“解释”则满足了后一个需要。自然法因为受到权威文献的称颂而得到认可，不过被塞入了一个神学哲学基座：自然法直接来源于理性，但最终来源于上帝。自然法是“统治 8
整个世界的神圣智慧的理性”[③]。由此，自然法在短时期内被用来

① 注意西塞罗（Cicero）是如何尝试阐明自然法的实质内容的。E.g., *De officiis*, i, 7, 20－23; i, 10, 32; i, 41, 148; iii, 13－17; iii, 25. 也请注意他依据承诺的性质，将一种道德义务的伦理观念当作一种诚信义务嫁接入法律的方法（那种道德义务由此成为了一种法律义务）。E.g., compare Ciciro, *De officiis*, iii, 17, 70, and Cicero, *De natura deorum*, iii, 30, 74, with Gaius, iv, §62 and *Inst*. iv. 6, §30.

② 这并不意味着在每一个案子中，“解释”都得因循守旧。See De Wulf, Scholasticism Old and New, transl. by Coffey, §45, pp. 75－77.

③ “一条法律规则不外乎是实践理性之某项命令，而这种实践理性存在于那个治理整个社会的统治者身上。然而，如果世界是由神圣的上帝所统治的话，那么显而易见，整个世界社会都是由神的理性所治理的。因而上帝——这个世界的统治者——治理事物的规划，就具有了法律的性质 …… 这种法律可以称之为永恒法。……既然由神圣的上帝所支配的万物都受永恒法的统治和评判，那么显而易见，一切事物在某种程度上都分享了永恒法。…… 但是 ……理智的动物作为神意的参与者，以一种更为出

维护权威,而不是去撼动权威。①

在宗教改革时代反抗权威的过程中,新教的神学法学家们剔除了中世纪自然法的神学之维,并试图再一次将自然法直接建基于理性之上。不过,格老秀斯(Grotius)在法学和神学相分离的前提下,②又返回神学,将作为国家法全部力量和有效性渊源的自然法建基于两个基础之上:(1)永恒理性;(2)那位只欣赏理性的上帝
9 的意志。③在布莱克斯通的著述中,也可见到这一双重基础。④但对所有这些著述者来说,自然法的真正依据显然就是理性。一如亨明森(Hemmingsen)所言,理性会向我们展示自然法的整个纲目,而"无须借助于先知和使徒的声音。"⑤所以威尔逊法官通过解说的方式告诉我们,上帝"已逊位于不自相矛盾这一至上要求"⑥,由此也顺应了人类理性的迫切需要。当经院神学家们开始运用纯

色的方式接受神圣上帝的支配。所以理智的动物分享了永恒法。……理智的动物所分享的那部分永恒法,被称为自然法。"Thomas Aquinas, *Summa Theologiae*, i – ii, qu. 91, art. 1 – 2. See id. qu. 93, art. 1 – 3, 6.

① See Figgis, *Studies of Political Thought from Gerson to Grotius*, 7 – 8.

② *De jure belli ac pacis*, *prolegomena*, § 11.

③ Id. § 12. 它接近于这一理论:"上帝与其他道德渊源并肩而立,或者上帝作为其他渊源的渊源,作为一种多余的渊源,地位在后者之上。"Croce, *The Philosophy of Giambattista Vico*, transl. by Collingwood, 94.

④ 1 Bl. *Comm*. 42.

⑤ *De lege naturae apodictica methodus*, last paragraph 1566 ed., Q 7; Kaltenborn, *Die Vorlaüfer des Hugo Grotius*, Ⅱ, 43.

⑥ 1 Wilson's Works (Andrews' ed.), 124. 这一自我限制的学说返回到了阿奎那(Aquinas, *ad Gentiles*)那里,也可见诸格老秀斯的著述。Erdmann, *History of Philosophy*, transl. by Hough, Ⅰ, 427; Grotius, ii, 11, 4, § 1. 它在政治学领域的变种是主权的自我限制学说。Groce, *The Philosophy of Giambattista Vico*, transl. by Collingwood, 95; Jellinek, *Allgemeine Staatslehre* (2 ed.), 461 – 470.

理性的力量说服无信仰者和异教徒皈依时，身处怀疑主义时代的自然法学家们急切地希望依据无懈可击的理性说服所有的人，并借此实现对法律秩序之规范的普遍服从。

至19世纪，问题的提出方式发生了通盘改变。顺着18世纪末康德的理论，实在法或曰习惯权利与理想道德实体产生了对立，由此又与法律准则——自然法——产生了对立。与前人相左，康德将不可变更的实际立法原则——制定实在法的原则——置于实在法之上。[①] 但这并不是17、18世纪意义上的自然法。它并非某 10
种道德实体，因此也不是法律准则——仅指作为实在法意义上的法律——的某种高级形式。确切地说，康德所想到的是一些永恒的、不可改变的原则，它们是法律和法律创制的评判标准，并指导法律的制定。康德的著述先于历史法学派。在他所处的时代，法律制度与实在法体系，以及系统的法律规则和学说，都被视为是人类智慧的产物。[②] 不过，康德实际上并未提出什么创造性的观点。他的理论更适合归诸19世纪，那时越来越多的法律被认为是自发演进的结果，而非人类智慧的创造。康德的理论是批判性的。他并没有借鉴我们自信地创设新实在法规范的做法，去发掘出一个

① “法之原理（*Rechtslehre*）乃是公正准则的总和，而这些准则是客观立法的前提条件。……法律科学（*Rechtswissenschaft*）是关于自然法原则的系统知识。从事实务的法学家或立法者，必须从这一科学中推演出全部实在立法的恒定原则。”Kant，*Metaphysische Anfangsgründe der Rechtslehre*，Introduction，§ A (1797).

② 譬如，约翰逊博士（Dr. Johnson）尝言：“法律遵循人类的经验谋求公共福利，它是人类智慧的终极产物。”Boswell，*Life of Johnson* (Croker ed.，1859)，Ⅱ，258. 并请比较黑尔（Hale）关于普通法中的制定法起源的观点：*History of the Common Law*，3－4，67－68。See also Croce，*Storia della storiografia Italiana nel secolo decimonono*，Ⅰ，22－23.

规则系统化的终极范式。相反，他找出了可用来批判已有事物的终极批判性原则。他与哲理法学派的前辈们所拥有的全部共同
11 点，是相信自己能够发现某种永恒的、不可变更的事物，而后者是法律赖以立身的基础。但是，康德的发现完全不同于“法自然”(law-of-nature)学派的古典法学家们的发现，它是通过另一条途径获致的。康德将具有自由意志的自觉个体作为终极的形而上学基点，并以此展开自己的理论。他从自由意志间理性的和谐共处中推导出了一条关于权利的终极原则，[1]而不是从作为道德动物的抽象人这一理念中推导出关于权利的一组原则。这样，康德推导出了一条关于权利和法律的原则，而所有合法的事物都可以依据这一原则进行考量并被赋予正当性。因此，类似于中世纪后期的情况，自然法步入了一个新的时期。自然法不再破坏受到认可的法律素材的权威，不再通过分辨法律和道德的做法从法律之外引入新的素材，也不再创设法律。自然法反而成为了一种对现有法律秩序进行维护、正当化和系统化的方法。人们也不再认为法律从属于道德、法学从属于伦理学。[2]

12 请注意我们现在是如何返回到问题的出发点的。古希腊人依据自然正当(natural right)的学说，将法律建基于理论性的道德基

① “之所以单单考虑到意志行为或曰自发选择，是因为它们是自由的，并且关系到一个人的行动是否能按照一条普遍性法律，与另一个人的意志和谐共处。因此，权利包括了所有的条件，根据这些条件，任何人的自发行动，都能按照一条自由的普遍性法律，在现实中与其他每一个体的自发行动实现和谐共处。” *Metaphysische Anfangsgründe der Rechtslehre*, Introduction, § B, 3.

② 譬如，《法之原理》(*Rechtslehre*, § C)导言中对法学和伦理学所做的区别。关于这一点对英国分析法学的影响，见 Pound, *Interpretations of Legal History*, 98 - 99。

础之上。罗马法学家们将自然正当转化成了自然法，并尝试发掘和宣告这种自然法的内容。因而他们以古罗马法律规范的理想形式，向我们提供了一种伦理性的哲理自然法。这种自然法是参照现有社会秩序的理想塑造的，代表了后者的主要内容。中世纪将自然法建基于神学基础之上，向我们提供了一种权威性的神学自然法。如注释法学家和评论法学家们所解说的那样，在继受罗马法为欧陆法律的过程中，这种自然法曾被用来维护罗马法。17、18世纪去除了这种神学基础，代之以（或者说部分地代之以）一个理性基础，并向我们提供了一种理性的神学自然法或曰理性的伦理自然法。这种自然法曾被用来制定注释法学家和评论法学家们所用的严格法（strict law），以及将中世纪英格兰的封建土地法转化成适应近代世界的法律体系。在18世纪末，康德用一个形而上学基础取代了这种理性基础，向我们提供了一种形而上学的自然法。这种自然法实际上是用来论证法律秩序的规范约束力的。唯有分析法学家们主张无须任何基础，强调就法官或者法学家们而言，法 13
律作为主权者所推行或实施的一种规范体系，它立足于自身之上。如果我们想走出这个法律规范组织体，分析法学家们就让我们求助于政治科学。① 同样，今日美国政治学领域的分析学派推动了一场彻底清除道德规范的运动，他们将政治科学局限于描述性的分析方法，并将“应然”（what ought to be）问题留给了哲学家们。就这样，我们完成了对问题的系统回顾。现在让我们返回到国家

① “在我们看来，关于法律的哲学分析和定义，既不属于法历史学也不属于法教义学，而属于政治理论领域。”Pollock in Pollock and Maitland，*History of English Law* (1 ed.)，Ⅰ，xxiii (1895). Compare Pollock，*Oxford Lectures*，14 (1890).

这一位于法律规范身后的、不可挑战的权威。国家取代了耶和华(Jehovah)的地位,将法律一览表传与了摩西(Moses),取代摩奴(Manu)口述了神圣的法律,或者说取代了太阳神(Sun-god)将法典传与了汉穆拉比(Hammurabi)。[*] “法律就是源于习惯和制定的法”这一命题曾得到希腊智者们似是而非的辩护,这促使希腊哲学家们努力寻求某种依据,而这种依据能够更有力地要求人们去维护法律秩序和社会制度的安全。①

早在 18 世纪末,自然法思维就分裂为两种门径。一种门径导致自然法纯粹成了用于辩护和解释的工具,并促成了一门哲理法学。这门哲理法学为既定的实在法规范体系提供了各种似是而非的
14 事后理由,并被看作是对理想自然法所做的权威展示,而在理论上,所有实在法仅仅是这种自然法的宣示。② 通过将实在法看作是宣示性的以及将这种宣示视为人类理性的一种成果,哲理法学不惜牺牲那些质疑性或批评性的理由,来强调确认和发现法律之

---

* Jehovah 指上帝,尤其指《圣经 · 旧约》中的上帝。Moses 是《旧约》中希伯来人的先知和立法者。Manu 是古代印度一位立法家,他被后人神化、混同为印度神话中一位叫摩奴的神,后者据说是梵文法律经典《摩奴法论》的作者。Sun-god 是古巴比伦人崇拜的太阳神沙马什,Hammurabi 是古巴比伦的一位国王、《汉穆拉比法典》的制定者。—— 译者

① Archelaus, quoted by Diogenes Laertius, ii, 16; Plato, *Protagoras*, 337 D; Pseudo-Plato, *Minos*, 314 B - 314 E. Compare Xenophon, *Memorabilia*, iv, 4, 14. See Vinogradoff, *Historical Jurisprudence*, Ⅱ, 31 - 42.

② 黑格尔(Hegel)称之为“一种欺骗,它不可分离地内在于理解方法及其论证过程中。也就是说,为坏事物提供了一个好理由,就自以为通过这种方式证明了坏事物的正当性”。*Grundlinien der Philosophie des Rechts* (3 ed.), 29. 一个突出的例子,参见:*Hyatt v. Adams*, 16 Mich. 180, 191 - 192 and the comments in Cooley, *Torts* (1 ed.), 26 - 28。

理性的权威性。这种思维方式主张保障既有财产和交易安全，从而主张财产规则是所有法律规范的典范。它标志着17、18世纪的创新自然法向法律完备化的转变。而在17、18世纪，这个世界上的法律是根据中世纪的严格法重制的。另一种自然法思维也遵循实在法是宣示性的主张，但在不需要创新理论的时代促成了这一观念：法律规范并不是对理想道德规范的宣示，而是对习俗的宣示，这种习俗蕴含于文明社会的生活经验之中。因此宣示或颁布法令并不是一项创造性活动，它是对早已存在的法律所作的正式承认。这种法律并不是凭借自身内在道德权威而取得约束力的理想道德准则，而是扎根于真正民族精神的大众习俗。① 15

虽然历史法学派推翻了18世纪的自然法理论，但与后者有着直接而明显的联系。历史法学派抛弃了实在法是人类智慧的创造物这一观念。法自然学派曾认为，自然法是可以被发现的，但其内容是不可改变的，是永恒的。不过，当自然法被发现后，就可以且应当以自然法为模型制定实在法。历史法学派也同意：有些事物并不是由实在法背后的人类智慧制定的。但是他们认为，实在法本身也只能是被发现的。实在法是不可"制定"的。人们看似是在制定实在法，但除了对已经存在于人类经验中的事物——而不仅仅是某种理想——进行宣示或者以更好的形式予以体现外，他们的工作其实是微不足道的。② 在黑格尔（Hegel）的影响下，人们开

① Savigny, *System des heutigen römischen Rechts*, I, §7 (1840).

② "人们会以为，在时机、人类意志、人类意图或人类智慧的影响下，法律的起源完全是随机的。但这种设想与下列不容置疑的事实相抵触：在世界各地，当人们已经考虑或者开始留意权利与法律的关系时，一条相关规则就早已存在于他们身边，因而没必要也不可能率先发明这种规则。"Ibid.

始认为法律是权利理念的展现或实现，法律史则是权利理念在人
16 类司法经验中如何不断地实现自身的一个记录。[1] 因此在一段时期内，历史法学派保持了法学和伦理学之间的一定联系。但是不久以后，伦理解释就让位给了政治解释。一种自由理念取代了权利理念，[2]而伦理因素亦为历史法学所摒弃。[3]

对历史法学派来说，法学家的工作就是观察和研究权利理念或自由理念在社会经验中的实现过程，以及一般道德情感、大众行为和司法判决的习惯对这种经验所做的无意识或自发的表述。历史法学家们清楚地看到，那些正式的法律规范决不能胜任实现正义的所有工作，其间还存在一些别的事物，后者决定性地参与了所有的审判工作，但并不存在于法典或法规的字里行间。自然法学家们也看到了这一点，并认为这一未被表述出来的事物就是一个永恒的、理想的道德体系以及由此而来的法律原理，而实在法只能对其做不完美的反映。历史法学家们则认为，这一未曾表述的决
17 定性因素就是习俗和习惯，[4]他们先是追溯这种因素至民族精神

---

① See Pound, *Interpretations of Legal History*, 22 – 23, 25 – 49.

② Puchta, *Gursus der Institutionen*, § 2 (1841); Lorimer, *Institutes of Law* (2 ed.), 354 – 355 (1880); Carter, *Law: Its Origin, Growth and Function*, 336 – 337 (1906). See Pound, *Interpretations of Legal History*, 45 – 68.

③ Maine, *Early History of Institutions*, lect. 12 (1874). See Lord Russell, *International Law*, 19 Rep. Am. Bar Assn. 253, 268 (1896).

④ Clark, *Practical Jurisprudence*, 151, 331 – 332 (1883); Carter, *The Ideal and the Actual in Law*, 10 – 11 (1890); Jenks, *Law and Politics in the Middle Ages*, 56 – 63 (1897); Rattigan, *Science of Jurisprudence*, § 72 (1899); Bryce, *Studies in History and Jurisprudence*, 640, 672 – 673 (1901). Compare Ehrlich, *Grundlegung der Sosiologie des Rechts*, 352 – 380.

那里，继而又先验地追溯至一个在整个民族精神之中追求自我实现的理念。[1] 不过，他们以文明社会大众行为和人类交往的习惯来理解这一因素，因而忽略了司法和法学在塑造法律规范过程中的首要因素，亦即思维倾向——考虑什么样的事物是与理想的法律目的以及所期待的理想法律规范体系相一致的。较之历史法学派的“习惯”理论，自然法理论在我们称之为“法律”的事物中，更为直接地描绘了这一因素。

在法律制定乃至法律的实际表述中，19 世纪正统的历史法学对法官、法学家和立法者的创造性活动一概予以排斥。他们认为法官既不是法律规范的塑造者，也不是法律规范发生效力的中介，法官的工作只是承认法律规范。规范是依据“正义的社会标准”取得实际约束力的。法院在寻找有效规则的过程中发现了规范，并对其做了技术性表达。[2] 规范之所以具有约束力，是因为作为人类经验所发现的行为原则之表达，它有着与生俱来的强制力。那 18
种经验转而变得举足轻重，因为它蕴含了理念的实现过程。[3]

---

① See Pound, *Interpretations of Legal History*, lects. Ⅰ-Ⅲ.

② Carter, *The Ideal and the Actual in Law*, 10-11 (1890).

③ “权利与法律是民族意志的产物。但一个民族只能规定表达了自身文明进程和时代需要的事物。因而，权利和法律是在空间和时间维度中发展的。作为人文事实(human facts)，权利与法律源远流长，源远流长意指‘一个保留事物特性的展现过程’。因此，想要了解一个民族在自身法律生命期中的当前位置，以及洞察它在权利和法律方面应当规定的事物，都必须对这个民族的历史先做一番深入考察。既然每个民族都参与了权利与法律的发展，而且在这一点以及其他各个方面都以微缩手法描绘了人类的特性，因而可以断定权利与每一个民族同在，但只有联系所有民族才能发现它的全貌。”Friedländer, *Juristische Encyklopädie*, 65 (1874).

“在最广泛的意义上，实在法可以被界定为权利理念的表达，这种权利包含于两个或两个以上个人的关系中。”Miller, *Lectures on the Philosophy of Law*, 9 (1884).

这样，“习惯”取代了道德在上两个世纪的法学思想中所把持的地位。不过，当19世纪的法学家们谈及“习惯”时，他们所指的不只是一样事物。19世纪的法学家们参照法律规范各自的渊源，将三类不同的法律规范归于习惯法名下：(1)大众行为的习惯所表述的法律，诸如我们旧时西部各州的采矿法或贸易法；(2)司法判决的习惯所表述的法律，诸如英美普通法的主干部分；(3)有关法律原理的科学讨论和学说文献所表述的法律，诸如欧洲大陆的民
19 法（又被称为立于自身之上的普遍性法）。[1] 在历史法学派的著述中，司法判决的习惯和学说著作的传统主线，仅仅被看作是大众行为习惯的范例或反映，而不管前者很可能源自于古希腊的哲学思考，[2]罗马共和国时期的法律难题，[3]或者是中世纪经院哲学的玄义，[4]也不顾司法判决与学说著作的传统内容，经常在某一点上与

---

① See Clark, *Roman Private Law*: *Jurisprudence*, I, §§ 7－8, particularly pp. 348－351, 403, 407－413.

② 譬如，关于边界树木的规则。See Aristotle, *Hist. Animal*, v, 1; Aristotle, *Meteorol*, iv, 8; *Digest*, xxix, 2, 9, § 2, xli, 1, 26, § 1; *Inst*. ii, 1, 31; *Bracton*, fol. 10; *Waterman v. Soper*, 1 Ld. Raym. 737; *Anon*. 2 Rolle, 255. 但是，如果知道树木种在边界线的哪一边的话，普通法上现有的解决规则就会有所不同了。See also Sokolowski, *Philosophie im Privatrecht*, Ⅰ, 148ff.

③ 譬如，关于不可能之遗产继承和不合条件之先例的衡平法规则。*Lowther v. Cavendish*, 1 Eden, 99 (1758); *Brown v. Peck*, 1 Eden, 140 (1758); *In re Haight's Will* 51 App. Div. 310. See Pound, “Legacies on Impossible or Illegal Conditions Precedent”, 3 *Ill. Law Rev*., 1, 4－6.

④ 譬如，普通法上的地产限制规则，就是从一种关于中止占有的学说中推演出来的。Challis, *Law of Real Property*, chap. 11. 请比较那些稍后承认限制的规则，在普通法上，这些限制是不可能直接从实务之中获得的。

大众思维的传统内容完全相左。[①] 原因是历史法学家们不假思索 20
地沿用了17世纪以来位居主流的法学话语模式。在中世纪后期，有关查士丁尼立法之法律约束力的学理意见被当作“帝国”的法律传达给了法院，并在16世纪获得了承认。至17世纪，学理意见的地位已明显无法继续得以维系，而罗马法之所以被法院采纳，仅仅是因为它得到了审判习惯的接纳。如果某人从哲学角度探究的话，他会说这是因为罗马法体现了理性的权威，[②]它是理性发现的顶点和对自然法的宣示。如果他从法学角度探究的话，则会说罗马法拥有从长期使用中得来的权威，就如罗马法文献自身所表明的那样，它具备与制定法规则相同的合法性基础。[③] 所有非起源于立法的法律，被称为习惯法。不过在罗马法的立法理论占支配地位的时期，西欧的日耳曼法在经比较之后却被看作是习惯法。的确，在社会控制之规范集合体是由宗教习惯、社会习俗和传统决定模式组成且尚未分化的阶段，日耳曼各民族的成文法仅仅是习

---

① 如果比较美国普通法关于公司的规定和商人这一观念，就可发现这样的例子。见 Machen, *Do the Incorporation Laws Allow Sufficient Freedom to Commercial Enterprise?*, Rep. Maryland Bar Assn., XIV, 78, 81 - 84, 85, 87 - 89 (1909); *People v. Shedd*, 241 Ill. 155 (1909)，也可比较普通法上的合伙概念与商人概念。See Brannan, “The Separate Estates of Non-Bankrupt Partners”, 20 *Harv. Law Rev.*, 589, 593; Crane, “The Uniform Partnership Act”, 28 *Harv. Law Rev.*, 762, 765 - 766. See also Austin, *Jurisprudence* (3 ed.), Ⅱ, 555 - 560; Clark, *Roman Provate Law: Jurisprudence*, Ⅰ, 383, 407 - 408.

② “罗马的伟大天命并未完结，在停止以权力统治世界后，她凭借自身的理性统治了整个世界。”D'Aguesseau (1668 - 1751), transl. by Kent, *Commentaries*, Ⅰ, 516.

③ *Inst.*, i, 2, §9; *Dig.*, i, 3, 32, §1.

21 惯的宣示。如果从规范的角度进行考虑，那么规范的权威性基础就是：长期被使用证明自身是为神所见悦的。[①] 因而可认为，普遍性法(common law)的两个原理都是习俗性的，并且，如果原封不动地接受法教义学上的拟制，那么所有文明国家的普遍性法律，看起来就是以大众行为的习惯为实际基础的。习惯自生自长，它们并不是为了治理而创制出来的。所以法律也是自生自长的，而不是创制出来的。立法的功能仅仅是“重述”、发布习惯，消除其中一些小矛盾，并将其井然有序、系统地陈述出来。经发布或重述之后的习惯就是实际的法律，它自发地促进了理念固有的全部力量。所有有意打断这一自发促进过程的尝试，纯粹是徒劳无功的。就这样，历史取代伦理哲学成为了普遍原理的解释依据，而这一原理是实在法规范所企及的对象和评判标准。

有人一再提及，历史法学家只不过在一个新的基础之上提出了一种新的自然法。[②] 历史法学家同样找出了一些普遍的理想原
22 则，而实在法必须予以遵从。但这些原则并不是道德原则，而是惯常行为的原则。它们不是由理性展示的，而是通过历史考察发现的。即使是才智高超者所制定的完美法典，也无法将它们全部表述出来。它们通过处理事务和实施正义的经验做了自我表述。就

① See Jenks, *Law and Politics in the Middle Ages*, 56 – 57; Heusler, *Institutionen des Deutschen Privatrechts*, Ⅰ, 1.

② E.g., Bekker, *Recht des Besitzes*, 3; Neukamp, *Einleitung in eine Entwickelungsgeschichte des Rechts*, 28 – 29.

这样，道德完全被置于法官与法学家的考虑之外。①

我们对法律与道德之关系的思考，在很大程度上取决于我们对"法律"一词的理解。在分析法学家这一极端，法律是权威性法律规范的总称，而这些规范为特定时空的审判所适用。② 在另一个极端，历史法学家倾向于将所有社会控制的历史，看作是法律的历史。③ 因此，当分析法学家认为法律是由某个机构或政治团体 23
树立并予以执行的权威性规范时，历史法学家却认为法律就是习惯性规范，后者在起源上完全独立于政治团体，在司法过程中获得承认并生效。分析法学家首先看到的，是法律规则背后的强制力和约束。他认为法律上的制裁是由国家司法和行政部门来执行的，凡缺乏组织强制力之直接并即时支持的事物都不是法律。④

① "自觉、主动的人类思维有一个运作范围，在本质上，法律被认为是这一思维范围之外的事物，因为法律是实现时代合理性的民族精神之体现。从而法律科学排斥所有价值标准，退化成了对历史资料的纯理论研究。而对某条法律应该是怎样的思考——超越并有别于实在法内容的思考，被驳斥为不科学的白日梦。结果是，历史法学派的奠基者运用万世不变、唯我独真的理由，否定了他那时代的立法使命。"Kantorowicz, *Zur Lehre vom richtigen Recht*, 8 (1909). See Pollock, *Essays in Jurisprudence and Ethics*, 25 - 26.

② "如今，法或法律被含糊其辞地看作一个抽象的集合名词。当它用来指称事物时，就是指许多个别法规的汇总。"Bentham, *Principles of Morals and Legislation*, 324 (1789). See Austin, *Jurisprudence*, lect. Ⅰ (1832); Holland, *Jurisprudence*, chaps. 2 - 3 (1880).

③ Maine, *Early History of Institutions*, lect. 13 (1874); Vinogradoff, *Historical Juriprudence*, Ⅰ, 157 - 159. "我将指出，任何从多数人群——他们借由认可这一美德以一定的方式联系或结合在一起——中实际得来的人类行为规则，都不应被误称为实在法。"Clark, *Roman Private Law: Jurisprudence*, Ⅰ, 90.

④ Gray, *Nature and Sources of the Law* (2 ed.), 94 - 95; Holland, *Jurisprudence*, chap. 3; Anson, *Law and Custom of the Constitution*, Ⅰ, 8; Salmond, *Jurisprudence*, §5; Clark, *Roman Private Law: Jurisprudence*, Ⅰ, 75.

在另一面上，历史法学家首先看到的是法律规则背后的社会压力。他在服从习惯、对同类的不满、公众情绪或意见以及社会正义的标准中发现了那种制裁。[①]

的确，上世纪不同学派的法学家们，初步看到了“法律”这一复
24 合体的不同要素。[②] 分析法学家独断地认为，法律就是既成的规范组织体，后者将一种具体的法律后果和一种具体的状态或事实联系在了一起。历史法学家则往往独断地认为，法律是传统理念的组织体，事关如何定纷止争；法律是从权威法律素材中发掘判决依据的传统技术，它对法律规范进行弥补、延展和限制，并使其适应生活中的变故。哲理法学家首先看到的是第三种因素（即使其态度不是独断性的），即一个政治哲学和伦理性实体，它关系到法律的目的，以及与此相关的法律规范的理想样式。在自觉或不自觉地参照这一因素的前提下，法律规范、传统的判决原则以及传统技术不断得到重塑，并被赋予新的内容和适用方式。哲理法学家称这种因素为“自然法”，在此基础上他提出了一种关于所有法律的理论。历史法学家称第二种因素为“习惯”，在此基础上也提出了一种关于所有法律的理论。分析法学家试图将第二和第三种因素仅看作是法律规范的渊源，或者说制作法律规范的原材料，这两个因素本身并不是法律的一部分。从而，依据第一个因素，分析法

① Maine, *International Law*, lect. 2 (1888); Westlake, *International Law*, Ⅰ, 7 (1910); Clark, *Practical Jurisprudence*, 134 (1883); Lightwood, *The Ideal and the Actual in Law*, 10 - 11 (1890).

② See Pound, “The Theory of Judicial Decision”, 36 *Harv. Law Rev.*, 641, 644 - 657.

学家独断地提出了一种法律理论。这些不同的观点，强调了公认的法律素材总体——作为开展司法审判的基础——中的不同因素，并回应了法律发展的各个阶段对法学思想所提出的不同要求。25

今日，法律秩序成为了一种最重要、最有效的社会控制形式。其他所有的社会控制方式都从属于法律方式，并在后者的审查下运作。古代社会控制的有效方式——宗教、族群内部纪律（或类似的戒规）和社会习俗，如今已逐渐将其在调控体系中的主导地位，让给了组织化政治团体的主张。但在法律发展的始期——我们称之为前法律阶段或原始法阶段，宗教、法律和道德不分彼此地混杂在一种简单的社会控制中。这种社会控制在时间上先于政治组织的兴起，而后者的兴起同时伴随着血亲组织和宗教组织的衰落。直至公元前 4 世纪，在城邦国家取得了高度的政治发展之后，希腊语“νόμος”—— 我们译为“法律”的那个词——在使用中是不作辨别的，它经常被同一作者用来指称传统的宗教习惯或仪式、传统社会习惯、传统道德理念以及某条具体的成文法规。[①] 我们必须记得，最初的立法不过是对普遍接受的传统进行了发布。因此不 26
同社会控制——通过大众行为的习惯，通过宣示那些习惯的规范，以及通过成文法规的社会控制——之间的分析性界限，在很长一

① 作为社会控制的整体：Plato，*Hippias Major*，284；Plato，*Protagoras*，337 D；Aristotle，*Politics*，1287 A。作为伦理习惯：Pseudo-Plato，*Minos*，513 D。涉及宗教习惯所要求的殡葬仪式：Demosthenes，*Against Olympiodorus*，1169。作为传统的或习俗性伦理原则：Aristotle，*Politics*，1287 B。作为一条道德规范：Demosthenes，*Against Aristogeiton*，790（cf. Ulpian in *Inst*.，i，1，4，*Dig*.，i，1，1. §3）。涉及与“自然”相对立的习惯：Democritus，quoted by Sextus Empiricus，*Math*. vii，135；Plato，*Gorgias*，483 - 484。作为一条法律规则：Aristotle，*Politics*，1286 A，1287 A，1287 B。

段时期时内是极细微的，并且只能逐渐得到承认。而那些成文法规，最初是自发制定的，那时被认为不过是对习惯进行了发布；之后，它们被有意识地予以制定，但仍假托是在宣示习惯；最后，它们作为新规则被自觉地予以制定。在伪柏拉图(pseudo-Polatonic)所作的《米诺篇》(*Minos*)中，苏格拉底(Socrates)把一本园丁手册称为园艺工作的法律，把一本烹饪书称为厨师的法律，①因为人际交往的习惯、具体经验和公示规范构成了我们所谓的法律，而园丁和厨师的既定习惯、具体化的传统经验以及业已明确表达的规范与前者具有相同的地位。

因而，我们一开始面对的是社会控制未曾分化的状态——就如我们前边所言，上世纪宗教、道德与法律混杂不分的状态。在此
27 状态下，我们今日所谓的法律，确切地说，借由组织化政治团体的力量所进行的社会控制，就三者而言适用范围最窄、功效最微。我们初次了解到，那时罗马法不仅让“*fas*”(符合神意的事物)和“*boni mores*”(符合社会习俗的事物)承担了大部分社会控制的任务，还让它们实施惩罚。超自然的力量、将违禁者交付给地狱诸神的权力、献祭性处决、革出教会以及惩戒“不合规矩”之事的族规行纪的威慑力，都比“*ius ciuile*”(符合习惯或者公示的国家意志之事物)之相对虚弱的实施机制有力多了。诸如交易信用、信守诺言和履行协议之类的事务，都交予宗教和道德处理，而不是诉诸法律。在法律逐渐取代宗教和道德的过程中，后者长期保持了信仰赋予它们的形式。因此可以说，法律与道德有一个共同的起源，但在发

① 316 C－317 B. 整个争论触发了“νόμος”词义之未置辨别的多样性。

展过程中分道扬镳了。

至法律体系发展的下一阶段,即严格法阶段,这种分离变得引人注目。在此阶段,国家或组织化政治团体取得了确定的优势,而分析法学家所言的法律,也明确地与其他社会控制方式相分离。但这一阶段的法律规范是粗糙、僵硬的。法律是一个救济体系,其 28
规则基本上是程序性的。它以严厉而又简捷的方式,界定了司法审判将介入的案子及其介入方式。从道德与法律的关系来看,在这一阶段,道德及时赶超了成文化或具体化的习惯,而习惯却缺乏与之比肩的生命力。在严格法阶段,法律体系的基础是古代法典和已颁布的习惯法汇编,后者是由明确、清晰、详尽的条款组成的,而这些条款是针对简单、确切的事实陈述规定的。在此阶段,人们相信规则和形式能够保证确定性,并借此维护一般安全。一般性规定消失了,法律命题的前提也限制得很狭窄,以至于无法通过外部解释来实现扩张。举例说,以古老的家庭组织和祖先崇拜为基础的严格法规则,不再与现时代的道德理念保持一致的话,就不可能从血缘关系出发,通过解释《十二表法》得出一种更好的继承顺序。普通法财产理念的发展,不可能赋予有关信托的纯粹道德义务以法律效力。普通法令状的发展——尽管在13世纪之后就采取了固定的格式,也不可能为欺诈提供衡平法救济。因此在此阶段末期,法律对道德变得极其冷漠。除了一致性或曰追求自身形式和规范得到遵从外,法律对其他事物一概不闻不问。事态和行 29
为的道德状况,完全是无关紧要的。在罗马法和我们自己的法律中,这一阶段的理念指示了法律思考的方式,它一直延续到了随后几个阶段。有关 *ius ciuile*(符合习惯或者公示的国家意志之事物)的古代协定,罗马城市的严格法,以及普通法上爱德华·柯克爵士(Sir Edward Coke)的著作,[①]在严格法阶段的末期相继出现,它们总结了这一阶段的成就,并为新的发展准备了基础。它们
30 将某些严格法的精神内容加诸下阶段的法律体系之上,并且要对某个确凿的指控承担起大部分责任。这个指控就是:实在法应当是道德无涉的,或曰实在法必定是漠视道德因素的。在上世纪的法律科学中,这个指控是很显眼的。

在法律发展的第三个阶段,纯粹道德理念从外部大量地涌入了法律。这是一个生机勃勃的阶段,吸收、改进其他法律体系或法律外部的素材,是法律生长的主要方式。在罗马古典时期,希腊伦理哲学拟入了法律。在英格兰,在衡平法院的兴起以及衡平法的发展过程中,16世纪决疑家(casuist)[*]作品中的伦理理

---

① “我们的学生应当注意到,法律知识就像一口深井,每个人都依据自己的理解力从井里汲水。汲水最深者,能领会到出色、绝妙的法律诀窍。我可以深信不疑地对你说,前辈法律贤达——威廉·赫勒(William Herle)先生就是其中最重要的一位——曾到过井的最深处。深入的水桶很容易汲到最上面的水,但把桶从水中提上来,必须费很大的气力。因此,这方面的学习虽然一开始显得很吃力,但当法律教授能够钻到水井深处时,只要他不越出自己所擅长的领域,就能感到轻松愉悦,且没有任何负重感。”*Co. Litt.*, 71 a.

“因为理性是法律的生命,不仅如此,普通法本身不是别的,而是理性。普通法被认为是人为理性的完美表现,是从长期的学习、观察和实践中得来的,而不是每个人的自然理性;因为没有人生来是有技艺的。” *Co. Litt.*, 97 b.

“然后国王说道,他认为法律建基于理性之上,与法官一样,国王和其他人都拥有理性。对此我应答道,的确,上帝赋予陛下出色的学问和超凡的天资,但陛下并不精通英格兰王国的法律;涉及陛下子民的生命、继承、动产和不动产诉讼,并不是依自然理性来决断的,而是依人为理性和法律的评价来决断的。法律是一门艺术,唯有长期地学习和实践,才能获得对它的认知。”*Prohibitions del Roy*, 12 Rep., 63, 64.

* 所谓“决疑”,就是运用伦理道德或宗教律法来解决行为是非或良心问题,又称决疑术(法)、良心学。——译者

念，[①]以及非普通法法律家——大法官们——所持的正确观和错误观，被用作法律扩张的手段。在17、18世纪的欧洲大陆，自然法著述家们所持的哲学理念也被用于同种用途。随后，道德义务成为了法律义务，并取代了法律救济的重要位置。理性并非只建基于严格规则之上。作为道德个体的个人，成为了法律个体。仅仅是依据这样或那样的理由，道德原则被认为同样是法律规则。此 31
阶段所有法律体系的特征是：法律制定必须完全符合道德的倾向，道德理念随之融入法律理念的进程，以及将没有法律制裁内容的道德转化为有效的法律制度。法律科学也滥觞于这一阶段。因而，如果历史法学家回顾这一阶段的话，他会说道德乃是潜在的法律。起初是一条道德原则，转而成为了一条衡平法原则，最后成了一条法律规则。[②] 在法自然学派的哲理法学家看来，这表明了道德和法律是同质的；而在历史法学家看来，这表明二者是有区别的。但历史法学家著书立说的出发点，却是另一个法律发展阶段。

下一说法并不为过：使法律和道德趋同的努力——以法律规范覆盖道德领域，并使既存规范吻合一个合理的道德体系的要求——造就了近代法。当分析法学家分析规范、学说和业已发达

① E.g. see *Doctor and Student*, Dial. Ⅱ, chap. 24 (1523); *Day v. Slaughter*, Prec. Ch. (1690); *Fursaker v. Robinson*. Prec. Ch. 475 (1717); *Chapman v. Gibson*, 3 Bro. C. C. 229 (1791).

② 请比较："法律和衡平法在持续行进，并且前者不断地从后者那里获得支持。随着岁月流淌，每一个新的、特殊的解释，都变成了一条条古老的规则。今日严格法的很大一部分内容，以前被看作是衡平法。而目前的衡平法判决，日后必然会被归于严格法之列。"Miller, *Historical View of the English Government*, Ⅱ, 358 (1812).

32 的法律制度，以及——用霍姆斯大法官阁下（Mr. Justice Holmes）的话来说——在“刻薄的酸液”[1]中清洗分析结果，并借此找出权利与义务、权力与自由或曰特权等与道德无涉的基本法律概念时，他很大程度上是在自欺欺人。19 世纪的法律权利和法律义务，实质上是成熟期法律对前两个世纪哲理法学中的自然权利和道德义务的继受，并赋予了后者更多的确定性内容。法学家们起初认为，如果权利和义务是合乎道德的，并且只要是合乎道德的，那么它们就是合乎法律的。之后分析法学家认为，通过推演自己所假设的前提，可以将权利和义务当作纯粹的法律规定予以审查，得到那个刻薄的结论并予以正当化。不过这些学说——债务人对第三人履行一项不具有法律强制力的道德义务，作为一种对义务的履行是受法律承认的，因此不属于债权人可控诉的逃债性“主动处置”；[2]当一项道德义务因为义务人的失误而得到履行时，尽管道德义务不具有法律强制力，但是可以将受益人占有获
33 得物的道德主张视为“对价”（consideration）；[3]在衡平法上，虽然一项对金钱的道德主张不具有直接的法律强制力，但它可以有效地抵消一笔法律上的债务，因为寻求公平的债权人“必须公平待人”[4]——和其他更多的潜在事例表明，不管法学家们在处理抽象概念时如何竭尽所能，法律体系自身并没有通过“刻薄的酸

---

① *Collected Papers*, 174.

② E.g. *Cottrell v. Snaith*, 63 Ia. 181; *Holden v. Barnes*, 140 Pa. St. 63; *Martin v. Remington*, 100 Wis. 540.

③ *Farmer v. Arundel*, 2 W. Bl. 824.

④ *Hemphill v. Moody*, 64 Ala. 468.

液”清洗掉了“权利”和“义务”的所有内涵。[①] 但在18世纪末的英格兰，法学的创造力却消耗殆尽了。凯尼恩爵士(Lord Kenyon)接替了曼斯菲尔德爵士，他上任伊始就着手将衡平法“具体化”。大约三十年之后，在美国继受普通法，以及重塑、改编和同化大陆民法、大陆商法和殖民地习惯的过程中所需要的那种法学创造力，同样消耗殆尽了。法学家们不再用“应然”来论证“实然”，他们开始认为“实然”就是对自然法的可靠表述。今日自然法的许多不良声誉，源自形成于18世纪末的自然法思维，而不是17世纪富有创造力的古典自然法思维。前者假定了一个永恒的、不可改变的自然之法，然后依据这种自然法去确定世俗法律制度的理想形式。历史法学则为这种思维方式提供了一个历史基础。

就整个世界来说，19世纪后半期是法律的成熟期。在法律的 34
成长期纳入法律体系的道德制度和学说，已实现了自身的合法化。我们得到了一个衡平法的“体系”。衡平法学说取得了法律的形式，譬如说“衡平法禁止翻供”。英国衡平法院的分组表决亦表明，自己“并不是一个良心法院”。[②] 已受理的金钱之诉，曾经被曼斯菲尔德爵士当作衡平法上的一项法律议案对待，如今则依据刻板的标准进行审理。[③] 许多衡平法概念演变成了僵硬、直白的规则，

---

① 可比较大陆法上依据“自然义务”学说得来的类似结果。Colin et Capitant, *Droit civil Francais*, Ⅱ, 63－73; Dernburg, *Pandekten* (8 ed.), 541－543.

② Buckley, J., *In re Telescriptor Syndicate* [1903], 2 Ch. 174, 195－196.

③ E.g., in *Baylis v. Bishop of London* [1913], 1 Ch. 127.

而这些规则的机械运作过程，同样涉及公正问题。[①] 17、18 世纪的司法审判方法让位给了新的司法方法，后者不惜一切代价寻求抽象的一致性、形式的可预测性以及外在的确定性，对结果却漠不关心。因而，道德与法律再次形成了对立。历史法学家当时记录了这一现象，并认为这种对立在法律史上所造成的那种情势，证明了对立自身的正确性，因为它展示了理念的实现过程。

以此为基础，19 世纪的法学家热切地指出，法律权利未必是
35 公正的。也就是说，权利可能和有关应然的普遍感知相一致，也可能不一致。[②] 法学家急切地指出，某人可以拥有不道德的法律权利，并急着驳斥一句令人误解的绕口令：不公正的法律权利不是权利（a legal right is not a right if it is not right）。[③] 无可否认，将道德等同于法律，以及推定应然命题可以单凭道德与法律的同一

---

① 相关的例子，见 Pound, "The Decadence of Equity", 5 *Columbia Law Rev.*, 20。

② "如果这是一个法律权利问题，那么它完全依赖于国家的应允——为权利主体的利益动用国家力量。因此很显然，道德权利和法律权利的差异是如此之大，所以二者之间很容易造成对立。"Holland, *Jurisprudence* (12 ed.), 87. "就像奥斯丁所揭示的那样，法律必须具有法律约束力，即便某条法律可能是不公正的。反抗当局不可能成为一种法律权利，即便它可能是一种美德。但这只是一些例子。在所有的讨论中，'权利'与'正义'的词义对我们来说都快成了一堆乱麻，但只要仔细观察法律与道德的区别，就能将我们从这堆乱麻中解救出来。奥斯丁不但揭示了法律是什么，还揭示了法律不是什么。他准确地界定了法律的疆界。奥斯丁所划的法律领域可能比较窄，但清楚明白。他承认法律本身可能是邪恶的，在这种情况下，拒绝服从是我们的道德义务，但法律仍然是法律。"Markby, *Elements of Law* (4 ed.), § 12. See Gray, *The Nature and Sources of the Law* (2 ed.), 14; Pollock, *Essays in Jurisprudence and Ethics*, 25－26 (1882).

③ "违背公正（*droit*）的行为，不可能形成一种权利（*droit*），即便是全能的法律（*loi*）也做不到。"Duguit, *Traitéde droit constitutionnel* (2 ed.), Ⅰ, 157.

性成为权威的法律规范，造成了一些有害于法律成熟期之明晰思考的混乱。但是，由分析法学家划定并为历史法学家所认可的法律制定或发现与法律适用之间的严格界限，却无法继续得以维持。除普通案子以外，分析法学家还极大地低估了道德在日常判决中的作用。道德并不仅仅是手段穷尽后的最后依靠。如格雷 36
(Gray)所言，如果道德理念和法律条款只是一些供法院通过司法判决从中制造法律的原始材料，[①]而当判例法或制定法缺位时，即可求助于道德理念，那么这种论点——如果被提出来的话——表明，以往的司法判决不过是当下司法判决的原材料而已。这种观点令人难以接受。只要“法律”一词还具有使用价值，那么它必须包括直观可信的或者已为司法判决所认可的全部素材。

即便是在19世纪理论占绝对地位的时期，法官和律师也能感觉到这一点。因而，狄龙法官(Judge Dillon)在阐明上世纪分析的和历史的学说——从科学法学的立场出发，他决定赞同这一学说——之后，发现他做律师和法官的经验掩盖了事实真相。他说道：“如果不受指责，我会谈及自己的经验，我经常感到在履行司法职务的过程中，不可抗拒地被内在于案子的正义所吸引，并带着倾向——有时还有决心，将判决置于绝对公正之上。在执业过程中，我常常会感到一种坚韧的自信：只要对案子的审理在道德上是正确和公正的，就一定会取得成功，即便会遇到很大的技术困难；而 37
且，结果通常能支持那种自信。”[②]那些忽视此类司法现实的理论，

① *Nature and Sources of the Law* (2 ed.), 84, 170.

② *Laws and Jurisprudence of England and America*, 17 (1894). See Fry, *Memoir of Sir Edward Fry*, 67.

就如以前的哲学化理论那样“不着边际”。

正确的思考要求我们能够认识到：道德命题不可能成为权威的既定法律规范，即便法官成功地让自己确信它们是完全合乎伦理的。在另一方面，并不能得出希斯德里克斯（Historicus）的那种结论。他说道：“一个人应当信守所有诺言当然是正确的，但法律只强制他信守那些源自有价约因的诺言；不过，法律并没有因此而变得不公正了；这只是表明了法律的范围与道德的范围是不同的。”[①]它们的范围必然是不同的。在具体情势中决定法律与道德在多大程度上是或应该是一致的，会牵涉到许多事物。但是，一条法律规则不能光凭着官方制定和非道德性就站住了脚跟。对希斯德里克斯的回应是，在过去的二三十年间，法院一直在暗中往希斯德里克斯所言的、典型的非道德法律规则中添加例外，并且司法在
38 通过法律实现正义方面的努力，是持续地发明规避法律的新方法。[②] 在拉丁文中，伦理意义上的“一项权利”（a right）、“法律”（law）和抽象的“公正”（right），都是由同一个词来表述的。在英语中，伦理意义上的“一项权利”（a right）和抽象的“公正”（right），也是由同一个词来表述的。在法律史上，这种情形对推

① Sir William Vernon Harcourt, *Letters by Historicus on Some Questions of International Law*, 76 (1863).

② See Pound, *Introduction to the Philosophy of Law*, 271 - 273.

在已递交审议的《统一债法典》中，有一条意义重大的规定：“如果文书还包括一份明确的附加声明（可以采取各种语言方式），表明签发人愿意接受法律的约束，那么此后由豁免人或承诺人所作并签发的书面豁免或承诺，就不能因为缺少对价就归于无效或失去强制约束力。”Report of Section on Uniform Commercial Acts, Thirty-Fifth Annual Meeting of National Conference of Commissioners on Uniform State Laws, p.5.

动法律权利、法律规则趋向公正有着深刻的影响。这种情形也有助于我们更具识别力地拟制术语。但我们绝不能将自身的逻辑识别力当作目的。法律规范有时与道德相左,或许有时必定与道德相左。但是,这种情况并不值得法学家们引以为豪。就法律来说,这种情况也不是一种美德。在论证“法律是一回事,道德是另一回事”时,并不需要大量的此类情况。只要这类情况多过那些应予祛除的历史特例,它们就会从对实际诉讼所施加的内在实践限制中滋生开来,这就使得一项努力在某种程度上——从纯粹伦理立场 39
来说也是可取的那种程度——保障某些诉求和实施某些义务的明智的社会工程变得不可能或不合时宜了。

Ⅱ
分析的视角

40 分析法学彻底划清了自身与哲学及伦理学的界限。[①] 历史法
学派从名至实归的思辨法学(meta-physical jurisprudence)那里,
继受了对法律史的唯心主义解释,也接受了思辨法学关于法律目
的之观念,以及对展现或实现于法律史中的理念所进行的形而上
41 论证;相反,分析法学家们认为法律科学是完全自足的。[②] 他们既
没有尝试从人性中推演出一个体系,也没有尝试从某些假设的或

---

① “它并不关注法律在效用方面(或者依不同意见所主张的其他判断标准来检测)的优点或缺点。”Austin, *Jurisprudence* (3 ed.), 1107.

“上世纪分析法学所拟的基本概念之最大成就是承认了这一事实:国家或其他组织机构的法律是一种实际存在,而不是什么理想中的东西。法律和宗教、自然或道德并非是一致的;法律并不是一种理想,而是一种实存。”Gray, *The Nature and Sources of the Law*, § 213 (1909, 2 ed.), 94.

“但是,在我看来,奥斯丁(Austin)的前辈们未曾完全明白法律与道德的区别,至少缺乏那种源于确信的自信和确定。举例说,我们发现边沁(Bentham)在划分法学与伦理学的界线时,将立法归于法学属下,相反,奥斯丁指出立法显然归属于伦理学。奥斯丁通过界定法律与道德的区别……为法律科学奠定了基础。”Markby, *Elements of Law* (4 ed.), § 12 (1889). 这一论断也见诸此书第一版(1871, 5－6),不过语气稍弱。See also Salmond's comments, *First Principles of Jurisprudence*, 36.

关于分析法学与功利主义伦理学的关系,See Maine, *Early History of Institutions* (American ed.), 308－309。

② Austin, The Province of Jurisprudence Determined, 1 (1832). “可以肯定地说,能将法律彻底澄清者,必定拥有完美的法律知识。”Gray, *The Nature and Sources of the Law*(2 ed.), § 15, 3.

经形而上学证明了的初始原则中,推演出一个原则的观念集合体;相反,他们尝试以实事求是的态度看待法律规范(就像某位分析法学家所说的那样,面对“纯粹的法律事实”[①]):分析实际存在的法律制度,并以那种方式为一门普遍的法律科学提取素材。但在实践中,他们从未成功地将自己约束于“纯粹的法律事实”之中。人们曾有理有据地指责,分析法学家和历史法学家都建立了自己的自然法体系。[②] 也就是说,他们各自都建立了所有法律都必须遵从的理想模型,并以这一模型评判所有的法律规范。但它并不是自然法风行时期的那种伦理模型。分析法学家的理想模型,是一个在逻辑上一致并且相互支持的法律规范体系。这一体系是完全按照一个逻辑方案予以精心制定的,它囊括了人际关系的所有领
域—— 只要这些关系能成为探讨对象。不消说,这种模型和一种 42
旧观念一样,非常理想化并远离“纯粹的事实”。那种旧观念认为存在一个理想的规范集合体,它囊括了所有道德领域,并在细节上都与道德规范相一致。自然法学派通过哲学,发现了必然性法律原理——作为所有法律之必然依据的普遍原则,而分析法学家努力通过分析英国法、古罗马法和近代罗马法的规则、学说和制度来发现这些普遍原则。[③]

---

① Amos, *Systematic View of the Science of Jurisprudence*, 19 (1872).

② Brunner in Holtzendorff, *Enzyklopädie der Rechtswissenschaft* (5 ed.), 346 - 347; Kohler, Rechtsphilosophie und Universalrechtsgeschichte, in Holtzendorff, *Enzyklopädie der Rechtswissenschaft* (6 ed.), Ⅰ, 2.

③ “它是法律的一般理论,几乎完全来自于罗马法和英国法。”Bergbohm, *Jurisprudenz und Rechtsphilosophie*, 333 note (1892). “于是我用一般法学来指称这门学科,它从事阐述所有法律体系所共有的原则、概念和特征。以法律体系来理解的话,那些更丰富、更成熟的法律体系就会因为自身的丰富性和成熟性而拥有了极其重要的指导意义。”Austin, Jurisprudence(3 ed.), Ⅱ, 1108.

分析法学设想“法律”是一个法律规则的集合体。早期的分析法学认为，法律规则的典型是一条英国成文法法规，[1]而后期的分析法学则认为是英美普通法上的财产法规则或商业法规则。[2] 因
43 此，即便“纯粹的法律事实”未被排除出分析法学的考虑范围，但重要的法律秩序事实和司法过程中的主导性事实却无法幸免。分析法学对法律与道德之关系所持的看法，同样极大地受到了权力分立信条，以及一种与之相随的臆断的影响。这个臆断就是：可以在法律规范的制定与规范的解释、适用之间，划出一条准确无误的分析性界线；可以将规范的制定与规范的解释、适用，排他地授权给两个截然不同的政治组织机构。[3]

设想可以准确无误地划分权力之间的合理界线后，分析法学家声称法律与道德是截然不同且互不相关的，而自己只关注

---

① E.g., See Bentham, *Principles of Morals and Legislation*, 330 - 332.

② 奥斯丁是一位衡平法院出庭律师，在他所处的时代，英国衡平法主要处理家事协议的执行和财产信托，而衡平法律师也有必要成为一名不动产法专家。所以，奥斯丁基本上将法律想象为财产法规则。自那时起，这种态度也感染了英美的分析法学。格雷教授——美国最重要的分析法学著述家，首先是一位不动产法律师。

这些分析性定义——法律是规则的集合体，以及一条法律就是一条规则——具有重要的意义。Holland, *Jurisprudence* (12 ed.), 42; Markby, *Elements of Law*, § 7; Anson, *Law and Custom of the Constitution*, Ⅰ, 8; Gray, *The Nature and Sources of the Law*(2 ed.), § 191, 95.

关于这一思考方式所忽略的法律规范类型，见 Pound, *The Administrative Application of Legal Standards*, 44 Rep. Am. Bar Ass'n, 445, 454 - 458; “The Theory of Judicial Decision”, 36 *Harv. Law Rev*. 641, 644 - 646; “Juristic Science and Law”, 31 *Harv. Law Rev*., 1047, 1060 - 1062。

③ 这一点仍很明白地包含于分析法学之中，即便分析法学家们正确地认为许多法律是由司法判决制定的。See Austin, *Province of Jurisprudence Determined*, 28; Holland, *Jurisprudence* (12 ed.), 78; Markby, *Elements of Law* (1 ed.), § 43.

法律。[①] 如果分析法学家在实务中发现二者的领域发生接触甚或重叠，他会想当然地认为原因就是：虽然在一个理论上非常先进的 44
法律体系中，可以清楚地界分司法功能和立法功能，但这种界分在实务中却无法得以完全实现。他会说，只要这种界分尚未实现，那么法律与道德仍会出现混淆或重叠。就他看来，法律与道德在这四种场合发生联系，即司法立法、法律规范的解释、法律适用（尤其在适用法律标准时）以及司法自由裁量。他认为在这四种场合，权力界分是不彻底的，而法律与道德之间存在一条接壤线。只要能彻底界分司法权与立法权，那么法律就归属于法院，而道德归属于立法；法律规范归属于法学，道德原则归属于伦理学。但只要这种界分尚未完成，那么在法官必须如同实施法律规范般进行立法的领域——一个分析法学家倾向不断予以缩小的领域，道德强制就会代替应当（而实际上却不是）以司法行动规则形式存在的法律。[②]

---

① Austin, *Jurisprudence* (3 ed.), Ⅱ, 1107; Gray, *Nature and Sources of the Law* (1 ed.) §§ 1,213, (2 ed.), 94, 139n. "通过对法律事实的加工所发现的事实（就这样考虑，而不涉及善恶问题），是法学科学的处理对象。"Amos, *Systematic View of the Science of Jurisprudence*, 18 (872).

② 因此，奥斯丁赞成法典应当是"一个由成文法规组成的、排他性的完美整体"，*Jurisprudence*(3 ed.), Ⅱ, 682. 他认为应将"司法造法"的"不可探知性"(incognoscibility)归咎于立法者的疏漏。Id. 676. 在完成这样一部法典以前，遇到立法缺位的场合，法官可以"通过诉讼裁决推行具有法律特征的实在道德准则"。Id. Ⅰ, 37. See also Markby, *Elements of Law* (6 ed.), §§ 25－30.

随着法律的不断发展，法官的职责受到了日趋严格的限制。修补法律关系的工作，将日趋集中到立法机关手中。Sidgwick, *Elements of Politics* (2 ed.), 203.

关于法律与道德的联系，见 Austin, *Jurisprudence*, lect. 37, 38, and note on interpretation (3 ed.), Ⅱ, 1023 ff.; Amos, *Science of Law*, 34－42。

45 两个错误的假设就这样成为了分析法学的基础。首先，将权力三分的分析框架套用在治理行为上的尝试是完全失败的。就像今日美国宪法对权力所作的实际划分那样，那种分界正变得日趋缥缈，并且许多国家明确取消了这种分界，为的是能够给公共服务机构以高效率的行动权。对这种不可能性的认知，迫使各国法院
46 承认不存在明确的分析性界分。[①] 其次，法学家们被迫放弃了完善的法律规范组织体这一理想，而这一规范组织体不需要任何补充性司法行为。18 世纪的观念认为，成文法可以制定得如此全面和完善，以至于法官只需为手头的案子准确挑选出预先制定好了

① *Federalist*, no. 47. “这种分类不可能做到精确无误，许多官员的职责无法准确地，至少是排他性地归入这些部门之中。”Cooley, *Torts*, 375. “治理权可以划分为三个互相排斥的部门，已被证明不适用于治理过程中的实质性问题。基于全体治理行为所共同代表的主体之性质，没有哪种权力分类法能够划分出互相排斥的权力类型，以及依据各种权力的固有属性对其作出区分。”Powell, “Separation of Powers”, 27 *Political Science Quarterly*, 215, 237. See 2 Willoughby, *Constitutional Law of the United Stated*, §§ 742 - 743.

司法上的权威性论述，见 *Murrray v. Hoboken Land & Improvement Co.*, 18 How. 274, 284; *Maynard v. Hill*, 125 U.S. 190, 204 - 209; *State v. Harmon*, 31 Ohio St. 250, 258。在“布朗诉特纳”(*Brown v. Turner*, 70 N.C. 93, 102.)一案中，拜纳姆法官(J. Bynum)说道：“虽然‘官方的行政权、立法权和最高司法权应当永远分立且互相区别’这句话没错，但治理科学是一门实践科学也是一句实话。因此，当三个部门坚定地维护自己的基本权力时，不能忘记这并列的三个部分在相互间所形成的手足关系。它们之间的普遍信任，需要相互容忍他方占据‘某一看上去是共有的——因为三者的领域是毗连的’—— 领域。”

关于分权学说在最近判决中的实际应用，compare *Intermountain Rate Cases*, 234 U.S. 476 with the same case below, 191 Fed. 856。首席法官塔夫脱(C. J. Taft)就这一判决说道：“州际贸易委员会(Interstate Commerce Commission)被授权行使一些权力，在共和国的初期，国会也许会认为这种授权破坏了立法权不得被委托的规则。但治理过程中的必然发展和突发事件，以及国会缺乏必不可少的时间和精力去具体行使这些权限，迫使规则做了修改。”257 U.S., xxv - xxvi.

的规范，然后机械地适用它就行了。[①] 这种观念在今日也不时出现，譬如某些政治家们就主张一种立法尺度：通过演绎的方法准确地规定所有事务，让法官和律师除了查明事实，并将事实逻辑地套进预先指定的法条构造外，再也无事可做。但是这一理想在实践中同样令我们失望。今日，只要法学家还相信有可能存在一个完 47
善的、让司法创制——不同于司法发现——无可事事的规范体系，就会预想只通过一个基本分析命题或历史性原则的完整逻辑体系去实现它。这一体系逻辑地隐含了每一具体诉讼的解决办法，从中可以通过机械的逻辑操作推演出每一案子的解决规则。[②]

不过，即使证明分析法学将法学从伦理学中分离出来的两个假设是立不住脚的，我们也不能否定分析法学派的所有观点。因为虽然我们承认，立法者和法官都在制定、塑造、发展和扩展严格的法律规则，但立法性法律创制和司法性法律创制是有明显区别的。立法过程中的法律制定者是在为未来设定规则，[③]因而一般

---

① E. g., see the preface to the *Code of Frederick the Great*, § 28 (English transl. *The Frederician Code*, Ⅰ, pp. xxxviii – xl). Compare Sir Samuel Romilly on Bentham's Writings on Codification, 29 *Edinburgh Review*, 224.

② 这一主张经常按照形而上学的自然法予以陈述。E. g., Bishop, *Non-Contract Law*, §§ 84 – 88.

③ 立法者可以制定评判过往的规则，除非宪法对此明文禁止。不过，这种立法遭到了普遍的责难，从《十二表法》起到近代宪法，各国都在基本法中对其做了明文禁止。《法国民法典》第 2 条规定："制定法规则只适用于未来，它没有溯及既往的效力。"伯德里-拉坎蒂讷利(Baudry-Lacantinerie)对此评论道："在一个组织有序的社会中，不应使个体的生活状况或命运面临立法变动的威胁。一定的交易安全必须得到保证。但是如果法律可以溯及既往的话，就无任何安全可言，因为今日我依据既定法律条文所获得的权利，可能被明日的一项法律所剥夺，而这项法律我可能想都未曾想到——因为我不可能预见它。"*Précis de droit civil* (11 ed.), Ⅰ, § 45. See Ⅻ Tab. Ix, 1 (Burns, *Fontes Iuris Romani Antiqui* (6 ed.), Ⅰ, 34); Clark, *Australian Constitutional Law*, 28 ff.; Const. Brazil, arts. 15, 791; Dodd, *Modern Constitutions*, Ⅰ, 153, 176.

48 安全并不要求他按照预定的前提或路线行事。他可以自由地依据自身理智启示设定前提，并沿着自己认为是最好的路线行进。在另一方面，司法过程中的法律制定者，并不仅仅是在为未来制定规则。他所设定的法律规范，既适用于过去的事务，也适用于将来的事务，而在设定规范时，他直接参照了过去所发生的诉讼。[1] 因而包含在一般安全中的社会利益，要求法官应当和立法者享有同等的自由。法官不是从自身理智或合宜性出发去发现前提或判决材料；相反，他应当在法律体系或法律体系所认可的程序中发现它们。法官不是沿着自己认为是最好的路线行事；相反，他应当沿着法律体系所预定的路线或者至少是所认可的路线行事。

因而，司法判决只是法律例证的命题，以及法官始终是在发现
49 法律而从未制定过法律的学说，并非是漫无目的的。[2] 如果它们

---

① “必须看到，一项初见案子（*primae impressionis*，首次出现的案子，无权威典据可依，只能依理性予以判决。——译者）的司法判决，或者规定了一项新法律要点的判决，始终是一项溯及既往的（*ex post facto*）法律。”Austin, *Jurisprudence* (3 ed.), Ⅰ, 503.

② “或许斯托里法官（Story, J.）和奥斯丁一样，知道法官在创制法律。但是，或许他比奥斯丁更加了解美国法官在法律创制过程中所受到的法律和宪法上的约束。法律创制的立法过程和司法过程，当然有很大的区别。它们都要受到类似的宪法和法律上的约束，但司法立法还要受到其他特殊的、各种各样的宪法和法律约束，尤其是在美国。我认为，无须告知任何英国和美国法官他们有权创制法律，但有必要不时地用武力（*vi et armis*）提醒他们中的许多人：在司法立法过程中他们是受宪法和法律约束的。的确，只有少数曾做过法官的人（尤其是在美国），向我们展示他们正确领会到了这些约束什么时候是不可变通的，以及什么时候是有弹性的。当你说法官只是宣布事先存在的法律而并未制定新的法律时，那么比较法官是在创制法律的说法而言，你更强调了那些约束，并将它们牢记在了脑海中。”Schofield, *Essays on Constitutional Law and Equity*, Ⅰ, 42－43.

是一些教义学虚构，那么其作用就不会仅限于使我们能够将司法现象整合进一个合宜的、逻辑一致的体系中。滋生它们的温床，是法官和律师维护至上的社会利益的健康直觉。通过要求提供与结果所实现的正义相一致的、确定的判决依据，它们被用于捍卫一般安全中的社会利益。它们用于尽可能地提高司法判决的可预测性；它们用于抑制地方法官的个性化倾向；它们也用于约束地方法官，要求其客观地看待诉讼，以及依据合理发展了的法律素材进行审判，而那些法律素材事先就实现了具体化，并独立于手头的诉 50
讼。因而当只为未来设立规则时，法律创制者是完全自由的。在美国，他只受权利法案中的几项保留性条款的约束。而在司法立法中，法律创制者既在为未来设立规则，也在为过去设立规则，一些传统前提或者说传统法律素材、传统的行事路线、传统的规则发展模式，以及使知晓传统者在适度约束下能够预测自己行为的目的，都对他施加了约束。

不但立法需要目标，司法过程中的规范创制、规范发现、规范塑造以及规范适用，也同样需要目标。不过，今日的复兴自然法必须认识到，创造性司法活动是受到一定约束的，不能让法官像立法者那样以自己的方式自由地追求自己的目标。就对法院的外行批评而言，强调这一点无论如何都不为过。那些批评没有认识到，立法过程通常与包含在许多司法判决中的临时性法律素材挑选以及规范形式授予，有着重大的区别。用不着对法院说三道四，我们可称后者为司法立法，而一般安全中的社会利益要求我们维持这种区别。

51 法律与道德发生联系的第二个场合，是法律解释。[①] 解释被认为包含了针对新案件的规则发现或规则创设过程，以及针对非常案子的规则重塑过程（这一点刚被考虑到）。所谓的法律解释的形式——一种教义学虚构上的称谓——被奥斯丁起名为“虚假解释”，[②]因为在分析法学中，法律是完备无缺的，至少既定规则的逻辑推论或者法律原则的逻辑含义覆盖了所有的案子。由于这一过程实际上就是立法，因而在此法律与道德的联系是显而易见的。但是，奥斯丁所谓的“真实解释”—— 寻求那些指示了调整手头案子之公认规则的法律的真实意思——认为，当字面含义和内容无法提供满意的解答时，最终的标准存在于各种可能含义的“内在价
52 值”之中。[③] 法官或者法学家认为，法律创制者意欲指示一条正确的规则；法律制定者关于什么是正确的理念和自己所持的理念，实质上是一致的；他们实质上持有同样的法律理想模式、社会的理想图景以及由此而来的法律目的之理想图景。然而，过于强调有关

① 1 Blackstone, *Commentaries*, 85 - 91; Austin, *Jurisprudence* (3 ed.), 1023 - 1036; Clark, *Practical Jurisprudence*, 230 - 244; Pound, “Spurious Interpretation”, 7 *Columbia Law Rev*. 379; Gay, *Nature and Sources of the Law*, §§ 370 - 399, (2 ed.) 170 - 189; Geny, *Méthode d' interpréation* (2 ed.), Ⅰ, §§ 92 - 108, Ⅱ, §§ 177 - 187; Stammler, *Theorie der Rechtswissenschaft*, 558 - 652; Heck, *Gesetzesauslegung und Interessenjurisprudenz*, §§ 1 - 16; W. Jellinek, *Gesetz*, *Gesetzesanwendung und Zweckmässigkeitserwägung*.

② *Jurisprudence* (3 ed.), 596 - 597, 650 - 651, 1025 - 1030; Clark, *Practical Jurisprudence*, 235 - 242; Clark, *Roman Private Law: Jurisprudence*, Ⅰ, 114 - 125.

③ Savigny, *System des heutigen römischen Rechts*, Ⅰ, §§ 34, 37; Clark, *Practical Jurisprudence*, 243 - 235. 法国法上有五种真实解释，其中第四种就是“比照对规范意义的不同理解，权衡适用法律规范将会带来的后果”。Baudry-Lacantinerie, *Précis de droit civil* (11 ed.), Ⅰ, § 100.

“真实解释”的分析性学说，可能意在清除法官的道德理念，并确保对法律规范的逻辑含义进行纯粹机械的推理阐述。这两种可能性是存在的。法官必须决定，依据文字及文本的字面含义标准来解读内容，能否得出一个“令人满意的”解决方案。如果他认为不能，就必须细究各种候选解释的“内在价值”。在实践中，“令人满意的”往往意指在道德上是令人满意的，而“内在价值”往往意指内在的伦理价值。[①]

---

① “我认为，很难表达出包含在这一判决之中的所有重要性。判决原则包含了这一事实陈述：一个人在自己的土地上建造了一所房子，房子面对街区的马路，并向着马路方向建造了一段。千真万确，每一个看过现场的人都会有这样的看法，即房主造房时并没有越过街区建筑间的实际分界线；千真万确，房主仅仅是使用了自己的财产权利，他并没有触犯法条的真实目的；就像前几个案例所表明的那样，有可能是建筑师对数据的估算过于严格，或者说犯了一个错误。也许房主自己愿意承认有过错，但可置争辩的是，地方法官依据这一立法，定要命令一个在自己土地上自费建房的房主将自己造好的房子拆掉。在受案后的第一次审判中，法庭就一定要发布一项命令，施行一项严重的非正义。或许有人说，因为法律就是这样规定的。如果这是法条的真实解释，如果没有办法避免作出这种法条解释，那么法官可以得出结论认为，立法机构的失误造成了一项非正义的立法。但在我看来，法官应当动用自身全部的知识和脑力，去反对就国会的法令所作的这种解释。”Brett, M. R, in *Plumstead Board of Works v. Spackman*, 13 Q.B.D. 878, 886 - 887.

“如果一条法规容有两种解答，一种和自然公正及自然正义相一致，另一种却与之相违背，那么法院就应当给出与自然公正及自然正义相一致的那种解答。”Blanford, J., in *Lombard v. Trustees*, 73 Ga. 322, 324.

“我们对那些案子的推理过程并不满意，且无法得出这一结论：一个仅仅是预期的法定继承人，或者是遗嘱的受遗赠人，能够通过自己的邪恶行径，冷酷地谋杀自己所期望的继承对象，从而让不确定的事情变成现实。我们有权利使用且应该使用法条解答的准则，以避免出现和普遍权利以及仪礼风俗相违背的结果，但我们并不认为这些法院充分适用并运用了那些解答准则。前述这种法条解答，损伤了每一个人的健全感受力。在庭审的那个案子中，被谋杀的年轻女子可能比预期的继承人活得更久。即便该女子先去世，这一诉讼中的财产也可能出于安逸生活的需要被她花费殆尽。该女子的那些财产也有可能已被出售，并以赠送或其他方式处置了收益。但我们能否说一个残暴

54 法律与道德发生联系的另一个场合是法律适用。[1] 分析法学家

的谋杀者，在杀人之前只拥有一份纯粹的预期，在杀人之后不但使自己成了实际的继承人，此外还可以享受犯罪带来的成果？在我们看来，这与所有的情理格格不入，而情理是法律的上等要素。"Graves, J., in *Perry v. Strawbridge*, 209 Missouri 621, 628-629.

在"格里芬诉市间街道铁路公司"(*Griffin v. Interurban St. Ry. Co.*, 179 N. Y. 438)一案中，一条刑事法规规定："对拒绝遵守本节规定的公司，每次应当罚没 50 美元给受害一方。"在先前一系列判决中，纽约上诉法院认为，法律运用"各次触犯"或"每次触犯"等语词，规定了可累计的罚款。在发布法院意见时，巴利特法官(Barlett, J.)说道："在本院以往的庭审中，民事和刑事案子中给予补偿的罚款总额达到了一个巨大的、耸人听闻的数目，原因是原告方等了很长一段时间才起诉。这种起诉变得极具投机性质，导致了一种不值得鼓励的诉讼局面。法院的意见是，如果给予累计性补偿，那么立法机关应当详细地陈述出自己的意图，以一种更明确的陈述形式取代那些迄今仍以为是胜任的语词。"(p. 449)

"根据这一法案确定某人应当支付的薪水是不公正的，因为在提升薪水的过程中他不起什么作用，或者说从中他得不到任何好处(并不是因为自己的任何过错)。因此，如果在某个辖区投票通过提升薪水以后，他才加入进来，那么显然不能确定他应当支付提升后的薪水，理由是投票加薪的时候，他并不是该辖区的成员，在投票过程中他没有发言权。由于可以违背他的意愿，根据市镇法案将他从通过投票的那个辖区中排除出去，并在评估其应支付的薪水前将他计入另外一个辖区，所以他在评估额上也得不到任何好处。如果改变辖区，将一些人排除在外，并削减了辖区的成员数目以及财富，那么评估余下成员所需承担的支出总额就显得不合理了——即便他们可以独自享受好处：拒绝投票通过提升如此大的一笔薪水额……因此，这一法令真实且必然的解释，是要求对辖区涨薪投票以及薪水额评估施加同等的限制。"Parsons, C. J., in *Rechards v. Dagget*, 4 Mass. 543, 537.

参见：*Ham v. Mcclaws*, 1 Bay (S. C.) 93, 96。

不过，在前引第一个案例中，布雷特(Brett, M. R.)认为上诉法院的多数法官所给出的法规解答是如此的不公正，因而必须找出避免此结果的某些方法。另请比较多数意见和戈登爵士(Lord Gordon)的不同意见，in *River Wear Co. v. Foster*, 2 Ga. 194, 201-202。

还可参见沃森爵士(Lord Watson)关于"立法原意"的评论，*Salmon v. Salmon & Co.* [1897], A.C. 22, 38。

[1] *Science of Legal Method* (Modern Legal Philosophy Series, vol. 9), chaps. 1-5; Wigmore, *Problems of Law* 65-101; Pound, *The Enforcement of Law*, 20 Green

们往往认为，法律规范的适用是一个纯粹的机械过程。他们反感 55
某些事物，诸如适用衡平法补救时的自由裁量空间，衡平法格言对伦理道德的借鉴引用，衡平法学说——例如那些有关“条件苛刻之协议”、“手段不正当”之过错的学说——中的伦理因素，等等。在19世纪后25年中，一些美国法院尝试消除或者至少是约减这些衡平法学说的适用范围，并使一度作为衡平管辖依据的衡平法救济差不多成为了对法律的必然损害。① 这种情况在一定程度上是受那些分析法学家的影响，一定程度上则是基于前述法律成熟期的精神，那种精神促成了分析性的思考方式。但是，对法律规范的衡平适用或个别化适用已愈来愈为今日的法律所倡导。不管是对于行政还是司法，它都是管理活动的生命所在。在刚逝去的那些年代中，由于司法判决缺少个别化对待的权力，导致了行政管理委员会和行政法庭的激增，还改变了一些原先属于司法权范围的事务管辖，这只能让法律人认识到，19世纪将法院变成司法场域之自动售货机的尝试是劳而无功的。②

Bag, 401; Pound, “Courts and Legislation”, 7 *American Political Science Review*, 361 - 383 (also *Science of Legal Method*, 202 - 228); Geny, Méthode d’interprétation (2 ed.) Ⅱ, §§ 196 - 200; Brütt, *Die Kunst der Rechtsanwendung*; W. Jellinek, *Gesetz*, *Gesetzesanwendung und Zweckmässigkeitserwägung*; Somlo, *Juristische Grundlehre*, §§ 110 - 122; Heck, *Gesetzesauslegung und Interessenjurisprudens*, § 2; Stampe, *Grundlegung der Wertbewegungslehre*; Ransson, *Essai sur l’art de juger*.

① E.g., see 4 Pomeroy, *Equity Jurisprudence*, § 1404 and note 2. 可将关于相互请求衡平法救济的任意性规则（这种规则发端于19世纪美国的司法判决），与卡多佐法官（Cardozo, J.）的评论（in *Epstein v. Gluckin*, 233 N.Y. 490, 494.）作一比较。

② “在过去的四十年间，这个国家的行政规制得到了空前的发展，其延伸和扩张趋势无疑还会持续下去。”格思里先生（W. D. Guthrie, Esq.）在1923年1月19日所

56 事实上,在实际的司法过程中,法律适用中的伦理因素从来都未曾被排除出去过。上世纪,我们的分析性法律科学仅仅是用教义学虚构掩盖了那一实际过程,它让我们看不清自己正在做些什么,并引发了一些不适当的尝试——运用规则处理那些无法依规则处理的事务。显而易见,伦理因素在法律适用的两个层面上一直起着决定作用,即法律标准的适用和司法自由裁量。公正审判大部分是依靠法律标准得以实现的,而这种趋势还在增强。在法律和道德的交融时期,这些标准借由各种自然法理论进入了法律。[①]它们与个人或企业的品行有关,并且含有大量的道德因素。因而,我们法律上有关过失的注意义务标准,公平竞争标准,受托人的诚实管理标准,罗马法上有关特殊交易的诚实信用标准,或者说罗马法上关于一个谨慎而又勤勉的完全行为能力人(*sui juris*)
57 在此类情况下的行为标准,都包含了一种有关公正或合理的理念。此外,就像所有道德规范那样,这些法律标准在适用过程中可以实现个别对待。它们并不是机械地适用于一系列抽象的事实,而是根据每一个案子的具体情势进行适用的。这种适用凭着对公正和平等的洞察力进行,它有着很大的自由度,包含了对待决行为之详

作的讲演,时为纽约州律师协会主席。See Pound, "Justice According to Law-Executive Justice", 14 *Columbia Law Rev.*, 12; Pound, *The Revival of Personal Government*, Proc. New Hampshire Bar Ass'n, 1912, 13. As to Europe, see Laun, *Das freie Ermessen und seine Grensen* (1910) with full bibliography.

① 在善意(*bonae fidei*)之诉的规则中,可发现它们的起源(*quicquid paret ob eam rem Numerium Negidium Aulo Agerio ex fide bona dare facere opportere*)。See *Gaius*, iv, § 47; *Inst*. Iv, 6, §§ 28, 30; Cicero, *De officiis*, iii, 17, 70.

情的道德判断。[①]

同样显然的是,交由法官个人自由裁量的事务,也是法律和道德发生联系的场合。就像前面提到的衡平法学说那样,当法律规范的适用过程中存在自由裁量空间时,我们就谈到了"司法"自由裁量。虽然法律适用过程的确给个人的道德判断留出了许多空间,但在适用司法自由裁量的区域,存在一些控制司法行为的原则。不过,在许多情形中,司法行为的方向完全取决于法官个人的 58

① "过失就是没有达到情势所合理要求的关照、谨慎和警惕程度去遵守对他人利益的保护,由此导致此人利益受到了损害。"Cooley, *Torts*, 630.

"过失就是怠于实施某些行为——一个理智的人在那些规范日常人际交往之考虑的指引下会实施的行为。或者说,过失就是做了一个谨慎、理智的人所不会做的事情。"Alderson B., in *Blyth v. Birmingham Waterworks Co.*, 11 Ex. 781, 784.

注意义务标准的适用包含了一种道德判断,但这种说法本身并不是一种纯粹的道德评价,见 Holmes, *The Common Law*, 107 ff。

"前述所有客运和货运服务收费,通过电报、电话和电缆电报的信息传输服务收费,以及与此相关的收费,都应当是公平、合理的。任何不公平、不合理的此种服务收费,或者是其中一部分不公平、不合理的收费,都是禁止的,并被宣告为非法的……

"因此,所有的普通营运商都有义务遵守这些法令规定,建立、遵守并执行公平、合理的收费分类……以及公平、合理的规章和习惯……而且每一……关于州际和国际贸易之不公平、不合理的收费分类、规章和习惯,是明令禁止的,并被宣告为非法的。"*Act to Regulate Commerce*, § 1.

"(涉及代理人和委托人之间的业务时)一方面,没有必要证明对委托人施加了欺诈或强迫;另一方面,也没有必要依据该事实(*ipso facto*)使代理自始无效。但是,依据这一普遍规则——'一个受人信托的人在跟其委托人谈好处时,必须证明自己合理地运用了那份信任',代理人有责任证明,代理业务是完全公正、适当和公平的。这条规则平等地适用于信托关系中的所有人。1 Story, *Equity Jurisprudence*, § 311.

在罗马法上,对于源自监护、合伙、信托抵押、委托合同、买卖合同、出租和租赁关系(其他则是事后追加的)的诉讼,"法官享有很大的自由裁量权,他所适用的标准,就是对一个诚实交易、井井有条的人所能要求的行为方式。"Roby, *Roman Private Law*, Ⅱ, 89. See Cicero, *De officiis*, iii, 17, 70; Cicero, *De natura deorum*, iii, 30, § 74; *Gaius*, iv, § 62; *Institutes*, iv, 6, § 30.

正确感和公正感。① 因此，在这些场合——在一些确定的法律限制之下施行判决时；在条件允许的情况下中止审判时；在合并管辖以防止滥用诉讼规则时；在如今已普遍设立的小额诉讼法庭上审
59 案时；在某些辖区裁判小孩监护权的归属时；在选择受托人、监护人或者产业管理人时——以及类似的场合中，司法行为必然在很大程度上是依据个人的正确感进行的。对这部分司法职能的反对也是十分明显的。曾经有人说，那充其量不过是“暴君的法律”。②虽然在上个世纪，我们费尽心机地想使司法自由裁量无立锥之地，但事实业已证明，规则和机械适用在某些场合仍然是无能为力的。当今的趋势是扩大自由裁量的范围，而不是去限制它。使自由裁量变得可以容忍的正确方法，或许就是承认此时我们已进入了伦理学领域，而伦理学同样是一门科学，并且也包含了一些原则。

在一般安全特别强调司法行为之确定性和统一性的所有场合，道德规范的研究者都倾向于将法律看作是一个预先确定的、机械适用的规范集合体。因而事实将会证明，当存在于个体生活之中的社会利益特别强调个别对待时，法学研究者愿意信任一门能够将司法行为明确化的伦理科学。但是，假使法律能够通过严格
60 而又直接的法律规范支配整个司法过程，而伦理学则无法再为行使司法自由裁量提供详细的指导，那么仍可以让法官认识到他绝不可能放手实施司法的个别化。我们可以提醒法官，有一门系统

① See Isaacs, “The Limits of Judicial Discretion”, 32 *Yale Law Journal*, 339.

② Lord Camden, quoted by Fearne, *Contingent Remainders* (10 ed.), 534 note t. 毋庸多言，财产法并不是适用自由裁量的合适领域。

的知识处理这类事务,并且提供他可引证参考的原则。如果法官参照这些原则对计划中的行动进行合理审视的话,就会使自己的判决结果更为明智、可靠。毋庸置疑,在衡平法的起始阶段,神学家的作品就是被这样使用的;在罗马法上,在道德义务向法律义务转化的过程中,斯多葛(Stoic)哲学也被用作此途。

有人可能会提到,分析法学就法律与道德之联系所做的解释,好像认为存在三个或四个限定区域,在其中这种联系作为例外而发生。有时候,会出现一个没有法律规范可据以适用的案子,法官必须运用手头的法律素材,并依据某种通过先例的类比发展得来的传统技术,设计出一条规范。[①] 有时候也会出现这种情况,一条由当局所设的法律规范是如此的含混不清,使得真实的解释成为了一种必要。在解释过程中,有可能出现这种情况,即法官作为最后的保障,必须从伦理立场出发,判别几种可能解释的相关价值。同样,遇到普通法律救济无法予以解决的那些例外案子时,衡平法 61
院在决定提供或否决特别救济过程中,拥有一定的裁量权限来判断案子的道德取向。只是在少数事务中,存在"法律和事实的混合问题",负责事实问题的审判人员在调整某个法律标准以适应具体案子时,会发现有机会掺入随机的道德判断。最终,必然只有少数管理事务交由法官个人的正确感去解决。所有的这一切,似乎表明司法审判的日常进程,是远离公正理念和道德审判的,而道德对法律领域的渗透只发生在余下的其他案子中。这些案子尚无完备的法律条文可适用,或者说在这些案子中,一种施政的成分仍保留

① Austin, *Jurisprudence* (3 ed.), Ⅱ, 660 - 663.

在法院中，而没有交给行政。不过这种似乎可信的解释，更形象地表现了法学家们对一种确定的、统一的和可预测的审判之期望，而不是实际运作的司法审判。在我们的上诉审中，导致案子再审的难点，往往是法律规则和法律概念唯有比照某些诉讼才能得以适用，而这些诉讼完全背离于规范设计和规范制作所针对的典型诉讼。这种背离是形式多样的。案子很少是完全相同的。因而，在各种候选的类比之间作出选择，以及在各种候选的类比展开模式
62 之间作出选择，是司法意见的重要组成部分。① 只有在典型案例中，才能划出“真实”解释和“虚假”解释的界线。这两种解释会交会在一起，二者之间还存在一块广阔地带，而大部分上诉案子就发

① 例如，假使要提名侵权法上六件最有影响的案子，我认为它们是：“帕斯利诉弗里曼”案（*Pasley v. Freeman*, 3 T. R. 51, 1978）；“戴维斯诉曼恩”案（*Davies v. Mann*, 10 M. & W. 546, 1842）；“布朗诉肯德尔”案（*Brown v. Kendall*, 6 Cush. 292, 1850）；“拉姆利诉吉尔”案（*Lumley v. Gye*, 2 E. & B. 216, 1853）；“赖兰兹诉弗莱彻”案（*Rylands v. Fletcher*, L. R. 3 H. L. 330, 1868）；“希文诉彭德”案（*Heaven v. Pender*, opinion of J. Brett, 11 Q. B. D. 503, 1883）。请注意在各个案子中，法官是如何在两种可能的类比推理路线中作出选择，并对两种类比进行取舍以找到合适的法律的。因而，在“帕斯利诉弗里曼”一案中，虽然被告没有从欺诈行为中获得任何好处，虽然他不负有契约义务，并且促使他胡说八道的利害关系也并不存在，但法院在两种类比——类比授权或利害关系（契约或利益关系方面的类比），以及类比骚扰（违法方面的类比）——之间，选择了后者，并确定了故意欺诈的责任。我们由此得到了一条关于侵犯他人的责任原则。在“拉姆利诉吉尔”一案中，我们可以说，法院也因此选择了类比对有形财产的损害，适用了有关故意干扰互惠关系的同一原则。“布朗诉肯德尔”是另一个里程碑式的案子，法院在实质性概念一方和另一方——程序性差异——之间作出了果断选择，并以此作为损害责任的依据，而这种损害源于对一项非侵害性行为的错误实施。在“希文诉彭德”一案中，作为结果的原则得到了非常合理的阐述。在“赖兰兹诉弗莱彻”一案中，法院就两种类比——类比过错责任，或者动物逃逸以及由此发生的损害赔偿责任（不管主人是否有过错）——做了选择。在“希文诉彭德”一案中，法院就过错损害赔偿责任的实质性类比以及一件酒吧追偿案的程序性类比做了选择。

生在这一地带。[①] 相应地，衡平法院所提供的特别救济，已成了大 63
多数诉讼的日常审判形式，而立法业已着手规范新型的诉讼。[②] 最近的调查报告显示，迈向城市化和工业化的总体性社会转型，已经成为这个国家的明确选择。这种转型提倡对前述典型案子实行更为简捷、更趋管理性的即席审判（尤其是在小型法院中）。与此同时，适用弹性程序、拥有极大司法自由裁量权限的法庭正在各地纷纷兴起。的确，在日常司法程式的每一次转向中，法律和道德都发生了持续的联系。忽视这些联系——或者认为它们属于少数情况并且无足轻重——的那种理论，并不吻合实际运作中的真实法律。

道德并不仅仅是立法者的潜在素材。伦理学也并不仅仅用于批判递交给立法者的立法尺度。就此而言，分析法学家的观点是错误的。但在另一方面，并且就某种程度而言，他的观点是正确的。当我们发现一条道德原则之后，我们不会就此止步。除了在法律规则中对它进行表述外，我们还要做更多的事情。我们必须考问，它与法律规则所欲调控的事物之间存在多大的关联度。我
们必须考问，规则和救济方面的法律装置，在多大程度上适应道德 64

① 这一点在很久以前就为司法所承认："在法条方面，法官们的确亲自扮演了大法官的角色。他们依据衡平法作出有别于法律规则和法律依据的法条解释，并且违背字义和立法者意图，依据公共福利（*pro bono publico*）对法条进行了扩张。对此。我们的书上有数以百计的相关案例。"Lord Ellesmere in *Earl of Oxford's Case*, 1 *White & Tudor*, *Leading Cases in Equity* (8 ed.), 733, 779.

② *Littleton v. Fritz*, 65 Ia. 488; *State v. Gilbert*, 126 Minn. 95; U. S. Act of July 2, 1890, § 4, 26 St. L. 209; N. Y. Penal Law, § 1217, Act of April 4, 1921, L. 1921 ch. 155.

原则所承认、保护的诉求。我们必须考问，如果我们依据道德原则制定了一条规范，那么在实际运作中它会具有多大的效力。[1] 我们甚至必须考虑，依据公认的法律素材，并凭借公认的法律技术，能在多大程度上通过司法行为或法学推理使道德原则为法律所承认，并赋予其法律效力，同时又要做到避免扰乱整个法律体系以致危害一般安全。[2] 诚如 15 世纪的法律人在《年鉴》(*Year Books*)中所说的那样，有些事务适合国家法律管辖，有些事务适合大法官管辖，有些事务则宜交予个人和听他忏悔的牧师。[3]

假设法律和道德的范围既不完全一致，也不完全相异，那么存在划分二者的方法吗？如果存在两种社会控制的形式或模式，二者覆盖了许多相同的领域，但又各自拥有自己的专属区域，那么如何划定它们之间的界限？这是一种主旨上的差异，还是法律规范与道德原则在适用上的差异？抑或是二者兼有？分析法学家们让
65 我们确信二者兼有。在上个世纪，他们非常强调法律和道德在主旨上和适用上的差异。接下来让我们看看他们如何区分这种差异，以及在下一个法律发展阶段中，他们的观点在多大程度上仍然是有效的。

在主旨方面，据说道德涉及人的思想和情感，而法律只涉及人的行为；伦理学的目标是完善人的个体品格，而法律只是尝试去调

① See Pound, "The Limits of Effective Legal Action", 3 *Journ. Am. Bar Assn.*, 55, 27 *Int. Journ. Ethics*, 150.

② See Pound, "The theory of Judicial Decision", 36 *Harvard. Law Rev.*, 940, 942 - 949.

③ Fineux, *arguendo in Anonymous*, Y. B. Hill. 4 Hen. 7, pl. 8, fol. 5.

整个人和个人之间、个人和国家之间的关系。据说道德更关注这类行为背后的事物，而不仅仅是行为本身。相反，法律关注行为，并且只关注表现于行为性质之中的思想与情感，并以此判断它们对一般安全或一般道德所构成的危害。① 较之纯粹出于糊涂的行为或者迟延作为的行为，恶意或恶意欺诈（*dolus*）行为具有更大的反社会性。因而，譬如在刑法适用上，要求行为人存在犯意。但 66
是，在一个人口密集的社会中，危害一般安全的各种机械工具得到了普遍应用，各种各样的交易活动难免也存在危害社会的可能性。轻率，缺乏注意，一时糊涂，乃至疏于管理他人委托的、自担风险的业务，可能有着与犯罪意图相同的反社会性，因而，出现了一类无须过问意图的违法行为。②

---

① “因为，虽然在良心法庭上（*in foro conscientiae*）一项从事非法行为的明确意图或愿望几乎和实施非法行为一样可憎，但是，没有哪个世俗法庭能够查出人们的心思或者测出头脑中的意图，除非它们已流露在外在的行为之中。因此，法庭不能惩罚无法查明的行为。”4 Blackstone, *Commentaries*, 21.

“今日，承担刑事案子控诉的政府，并不负责处理纯粹的想象。因此，如果授权政府起诉某人的话，必须证明此人在不法思想的驱动下实施了某些行为。这是一条基本原则，并且放之四海而皆准。”1 Bishop, *New Criminal Law*, § 204。

“法律的目标不是惩罚犯罪，而是预防某些外部结果。”Holmes, J., in *Commonwealth v. Kennedy*, 170 Mass. 18, 20.

See Amos, *Science of Law*, 32; Stone, *Law and Its Administration*, 33 - 35; Tissot, *Introduction philosophique à l' étude du droit*, Ⅱ, 252 - 255.

② “公共政策要求，禁止或惩处某些特定行为的前提是：行为人对自身行为应当自担风险，并且不能辩称是出于善意或无知。”*Shevlin-Carpenter Co. v. Minnesota*, 218 U. S. 57, 70. Compare *State v. Quinn*, 131 La. 490, 495; *Wells Fargo Express v. State*, 79 Ark. 349, 352（禁止在州际贸易中通过船运发售赌博器具的法规——承运人不得以不知道包装中的货物内容为由，进行抗辩）；*Welch v. State*, 145 Wis. 86（涉及销售人造黄油的法规——如果被告向天然黄油定购方供应了人造黄油，即使他真诚地（*bona fide*）相信自己送出的黄油是天然的，也不能得以免责）；*State v. Laundy*,

至于另外那个命题,有人声称在外部道德和内部道德之间,法律只涉及前者。“你不可觊觎邻居的房子”,是一条道德准则。但是,法律并不处置——实际上也无法处置——这种觊觎,除非它采取了某种外在行为,譬如偷盗。[①] 就今日而言,法律已不再过问内部道德。与道德相反,法律是通过各种制裁——惩罚、替代性的补
67 偿、特殊补偿以及强有力的预防措施——发挥作用的,因而它必须以某些切实的事物为依据。小说中的教师就是一个形象的例子,他宣称:“男孩子必须心地纯洁,不然我拿鞭子抽你。”[②] 语言和行为的纯洁性,在此是鞭刑所追求最大目标。鉴于规则适用和管理事务中的操作局限,分析法学家区分内外道德的观点被广为接受。立法者必须牢记这些操作局限,且不得妄想只要能够随机发现正确的道德原则,以及通过立法对其进行合理规划,就可以创造出一种理想的社会秩序。

但是,19 世纪的法学家们往往将这个观点极端化,以至于如前面所说的那样,完全忽视了道德因素。他们忽视了那些法律能够且应该予以考虑的因素,仅仅以道德和法律的区别为依据,就以为自己可做的只能到此为止。在实践中无法将感恩的道德义务转化成法律义务,但这并不意味着法律无法规范广为肯定的行为,并

---

103 Or. 443(“犯罪帮会”法案——不管受到起诉的人是否了解他所加入的组织——I. W. W. ——的性质和目的);*Hobbs v. Winchester Corporation* [1910], 2 K. B. 471.

“I. W. W. ”即“Industrial Workers of the World”—— 世界产业工人组织,1905 年诞生于美国芝加哥,由普通劳工所建,当时的目标是建立一个真正激进、民主的工会。世界产业工人组织强调劳工和雇主的对立,要求掌握全部生产资料,彻底打破薪金制度,实现劳工阶层的真正解放。——译者

① Pollock, *First Book of Jurisprudence* (4 ed.), 46 - 47.

② Id. 47, note 1.

且放弃实施那些不带肯定性行为的实际道德义务，即便在实践中存有通过法律实现道德义务的可行性。

以一起损害赔偿诉讼为例，该案中损害明显可归因于他人任性的、道德上不可宽恕的不作为。假设除了当事双方都是自然人 68 以外，两人间不存在任何关系。如果一方正处于溺水状态，另一方手上拿着一根绳子却无动于衷，虽然后者在那时可以不冒任何风险而施行救助，但他却坐在河岸上吸烟。在这种情况下，法律仍拒绝对后者科处责任。一如埃姆斯（Ames）所言："后者并没有从身处危险境地的人那里得到利益，他只是没有对一个陌生人施加恩惠……法律并不强制人们在相互之间积极行善。是否做一个善良的撒玛利亚人（Samaritan），由各人的良心自主决定。"[①]

在此，使法律踌躇不前的困难是什么？在某种程度上，是因为难以证明案件的实情。我们必须确定，应受惩处的那个人当时并没有被突如其来的紧急情况所搞晕。[②] 其次，那个没有积极作为的人会提出某些主张，必须对他的主张和没有得到救助的人的主张进行权衡。因此，在善良的撒玛利亚人那个事例中，如果祭司和利未人（Levite）耽搁在路上，并且在太阳落山前还没有住进旅店，那么他们就有充足的理由担心自己遇到强盗。[*] 同样，有时候很

① Ames, "Law and Morals", 22 *Harvard Law Rev.*, 217, 112. see also Bohlen, "The Moral Duty to Aid Others as a Basis of Tort Liability", 56 *University of Pennsylvania Law Rev.*, 217, 316; Bruce, "Humanity and the Law", 73 *Central Law Journ.*, 335.

② See Revers, *Instinct and Unconscious*, 55.

* 典出《圣经·路加福音》第 10 章。耶稣讲了一个故事，说有一个人落在强盗手里，被剥去衣服打个半死后丢在了路上。一个路过的祭司看到了他，但走开了。又有一个利未人路过，看到后也走开了。只有一个撒玛利亚人看到后，动了慈心，他为那个不幸的人处理了伤口，并将其送到店里，出钱托人给予照料。——译者

难认定谁负有成为善良的撒玛利亚人的法律义务。如果约翰·多伊(John Doe)无依无靠而且食不果腹,他可以起诉亨利·福特(Henry Ford)或约翰·洛克菲勒(John D. Rockefeller)吗?[*] 但
69 是,当一个身强力壮的青年男子带着一根绳子和救生圈,坐在岸边公园的长椅上坐视一个小孩溺水时,前述那些困难并不存在。然而法律对此却不加区别。挡道的未必常是或注定是操作上的困难。此处所举的事例中,道德原则并不存在什么固有属性,去阻止法律来承认自己,以及阻止从中制定出一条法律规则并赋予实效。实际上,在近来美国的司法判决中,能够看到一种朝着这一方向行进的趋势。[①] 对那种将法律与道德完全对立,并据此为忽略这种案子的道德面相提供理由的做法,我们必须予以驳斥。

---

* John Doe 泛指普通人,在诉讼程序中用来称呼假想的或不知姓名的男子。Henry Ford 是美国历史上著名的汽车大亨,John D. Rockefeller 则是著名的石油巨头,两人在这里代表富有的上等阶层。——译者

① 在大多数给予补偿的案子中,当事人之间存在一种关系——雇主和雇员,*Hunicke v. Meremec Quarry Co.*, 262 Mo. 560; *Ohio R. Co. v. Early*, 141 Ind. 73; *Raasch v. Elite Laundry Co.*, 98 Minn. 357; *Salter v. Nebraska Telephone Co.*, 79 Neb. 373;承运人和乘客,*Layne v. Chicago R. Co.*, 175 Mo. App. 35, 41。如果是海员,一般情况下都能得到补偿。*The Iroquois*, 194 U. S. 240; *Scarff v. Metcalf*, 107 N. Y. 211. 关于双方不存在任何关系的案子,见 *Depue v. Flatau*, 100 Minn. 299; *Southern Ry. Co. v. Sewell*, 18 Ga. App. 544。

关于整个主题,见 Bentham, *Principles of Morals and Legislation*, 322 - 323; Bentham, *Works* (Bowring's ed.), Ⅰ, 164; Bentham, *Theory of Legislation* (Hildreth's transl. 5 ed.), 65 - 66; Livingston, *Complete Works on Criminal Jurisprudence*, Ⅱ, 126 - 127; Macaulay, *Complete Works* (ed. 1875) Ⅶ, 493 - 497; *Dutch Penal Code*, art. 450; *German Civil Code*, §826; Liszt, *Die Deliktsobligationen des Bürgerlichen Gesetzbuchs*, 72。

至于道德原则和法律规范各自的适用过程，有人声称道德原则是个别、相对适用的。适用道德原则时，必须考虑到具体的环境和人；相反，法律规范是普遍、绝对适用的。因而有人声称，一方面，每一条道德原则都是由它所适用的环境来检测、描述的。同 70
样，就道德来讲，在行为的关键阶段，必须由每个人自主地决定行动方向。另一方面，法律必须在总体上发挥作用，其作用程度只存在一些粗略差异。同样，对于行为内容是否合法，法律总是尽可能地给出一个明确的答案。如果行为的关键阶段存在法律疑问，可以将其看作是其时其地法律存在缺陷的证据。在上述精神的指导下，有人声称将道德原则转化成具体的逻辑命题的尝试，会导致以伦理规则来判断是非；同时，对法律规范的适用实行个别化的尝试，会导致地方法官擅权专断，进而走向压迫。①

在 19 世纪，我们认为法律和道德在适用方面存在对立，如今就不再那么确信了。因此，阿莫斯在论证这种区别时说道："那些在道德上被怀疑犯有若干罪过的人，如果触犯了法律，就科以上述处罚。"②他说话的意思，好像事实已经最后表明：对于道德所认可的争议行为，法律无权进行管辖。或许他们那一代人认为这一陈述是不言自明的，即法律不会认可有犯罪嫌疑的人。但是在今天，通过行政手段和更文明的刑事治疗，法律正变得愈来愈适合治疗 71
罪犯，给犯罪个体带来了愈来愈多的疗效，而在此之前，人们认为

① Ames, *Science of Law*, 33 - 34.

② Id. 34.

这些都超过了审判活动的能力范围。① 在衡平法院，我们可以对法律规范进行一定程度的个别化适用。今日，行政法庭的兴起，以及将曾经由法院管辖的问题转交给其管辖的新兴趋势，见证了在许多场合中，个别化适用已成为了一种需要。但这并不是说，行政司法的新体制不是法律的组成部分。

19世纪的法律科学认为，所有的法律规则都潜在于法学家的头脑之中，它们是通过纯粹的逻辑演绎而得以发现的。随着这一观念——法律规范是终局性的，并且所有法律规范都以一种逻辑形式而存在——的彻底崩溃，人们设想的法律规范和道德原则在适用上的区别基本上已经失去了意义。在一个经济高度发达的社会中，诸如财产规则、商业交易规则以及维护既得利益和交易安全
72 的规则，具有而且应当具有一般性和强制适用性。但是，这些规则并不是法律的全部。不能像分析法学家那样，试图将它们看作是所有法律规范的典型。人类行为的规范，以及决定在民事活动何种行为应当负责以及如何负责的规范，都容有高度的个别化适用。的确，在这种场合中，法律适用一个审慎的人在当时会采取的行为标准，并把这个标准指示给陪审团。实际上，这一标准被看作一条道德命题，用来整合具体案件中各人对公正性和合理性的见解。因此在罗马法上，对拥有权益者适用审慎管理人的行为标准，对涉

① See *Relasione sul progetto preliminare di codice penale Italiano*, Ⅰ, 373–379; Barrows, *Indeterminate Sentence and the Parole Law*; Miner, *Probation Work in the Magistrates' Courts of New York City*; Henderson, *Penal and Reformatory Institutions*; Brockway, *Fifty Years of Prison Service*; Leeson, *The Probation System*; Lewis, *The Offender*; Herr, *Das moderne amerikanische Besserungssystem*.

及诚信的交易双方，适用审慎且勤勉的家父的行为标准。法律与道德在适用上的对立，唯有在财产法和贸易法上才显得重要，在19世纪这两个领域地位显赫，如今则趋于消失在有关损害赔偿的民事责任法中，而后者的发展势头却方兴未艾。

将法律和道德彻底分开的做法（像分析法学家所追求的那样），以及将法律和道德完全等同的做法（像自然法学家所追求的那样），都是错误的。因为，就主旨和适用而言，即使前述有关道德 73
和法律之间的分析性差异是成立的，但在三种情况下，伦理学说对法学家来说基本上是没用的；而在那三种情况下，一些重要的法律领域至少会表现出一种道德无涉的特征。首先，为了维护一般安全中的社会利益，为了预防冲突并在私人争斗领域建立起法律秩序，法律必须处理许多存在道德差异的事物。在财产法和商业贸易法领域的许多案子中，法律或许需要两种同等公正的备选行动方案，但为了保证确定性，法律必须在二者中选择一个并把它规定下来。对于这类案子，发达的法律体系往往展示了案情细节上的高度差异性。在此，道德义务通常就是以这种方式附着在法律规范之上的，因为存在于社会制度安全中的社会利益是法律最重要的基础之一。亚里士多德在区分依据自然的公正或主观公正，以及那些唯有依据习惯或法规才能号称公正的事物时，就指出了这一点。他告诉我们，只有对那些性质上是中立的事物来说，依据习惯或法规的公正才是可能的。[①] 这种区分经托马斯·阿奎那（Thomas Aquinas）之手，传到了近代法律科学那里，并成为了法

① *Nicomachean Ethics*, v, 7.

74 律哲学中一个老生常谈的话题。[①] 不过，提出这种区分，是为了铭记我们滥用了对道德不当的行为（*mala in se*）和违反法律的行为（*mala prohibita*）所做的传统区别。这是一种有问题的区别，它区别了传统的反社会行为——就像我们历史上流传下来的法律素材那样予以规定并惩处之——和近来所惩处的侵害刚刚受到承认或部分得到承认的社会利益之行为。亚里士多德并没有谈到犯罪，他只提到了一个例子——为一个希腊城邦国家冠名的一项法律。[②] 在某些领域，制定规则成为了一种现实需要，人们要求公布一条如边沁所说的“可认识的”规则，诸如有关文书档案的法令，有关遗嘱见证人之数目的规则，册封地产时所必需的誓言规则，契据的制作、印封和交付规则，等等，而这类法律条款证明亚里士多德所做的区分是正确的。我们是否要求两名或三名证人来见证遗嘱，是与道德无关的。道德在此处的全部要求是制定一条确定的、普遍认可的规则，并且去遵守它。

其次，法律虽然没有明确谴责许多事物，但并不赞成它们。[③] 法律对许多损害无能为力：相关证据无法采信，或者侵害方法很微妙或捉摸不定，以致规则和制裁之类的法律装置无法进行处理。

---

① Thomas Aquinas, *Summa Theologiae*, ii, 2, q. 57, art. 2; 1 Blackstone, *Commentaries*, 43. See Pound, *Introduction to the Philosophy of Law*, 25 – 26.

② “不过，合法的事物起先既可以这样也可以那样，然而一旦制定下来，就只能这样了。例如囚徒的赎金是一米纳（mina），祭品只能用一只山羊，而不能用两只绵羊。此外，所有针对具体事物的立法亦如此——诸如对布拉西达斯（Brasidas）的祭祀典礼，以及其他所有归由法令处置的事务。”*Nicomachean Ethics*, v, 7.

③ See Amos, *Science of Law*, 30; Pollock, First Book of Jurisprudence (4 ed.), 48 – 49.

许多利益在总体或局部上尚未得到规定,因为它们需要一种难以 75
实现的精确界定,或者说它们所遭受的侵害方式变幻无常,法律无
法对它们进行规范。但是在这些案子中,法学家应当保持警惕。
他不能轻率地认为,即使科学进步了、法律装置改进了,法律也始
终无法从事那些它以前干不了的事。这类事例——诸如美国法院
运用经现代生理学和心理学包装后的老一套语言,表达了自己在
合理处置因过错行为(没有任何身体接触)而引发的精神疾病时的
犹豫,[①]或如某些法院不愿意为著名人士提供充分的法律保障,尤
其是那些主张个人隐私者[②]——表明,坚持法律科学不能忽视道
德的观点,具有重要的实践意义。只要有充分理由认为我们无法
借由法律来处理这类事务,那么我们就可以依据内容来解决。但
是,我们不能被道德和法律之间的分析性区别所蒙蔽,以至于看不
到这类案子需要从法律上得到处置——无论人类知识的增长已经
使我们能够有效地处置这些案子。

第三,法律必须在双方都没有道德过错的情况下处理损失起
因。[③] 这类案子可以依据损失的发生场合予以裁决,或者说通过 76
改变损失起因认定来保护某些社会利益。在这类案子中,大部分
法律困难源自于双方都没有过错这一情势。最近,人们针对这种
情况极力主张一种责任"保险理论"。我们每一个人——不仅仅是
那些碰巧受到伤害的人,都应当承担文明社会在运行中那些难免

① See Goodrich, "Emotional Disturbance and Legal Damage", 20 *Michigan Law Rev.*, 497.

② See Pound, "Interests of Personality", 28 *Harvard Law Rev.*, 343, 362–364.

③ Pollock, *First Book of Jurisprudence* (4 ed.), 50–54.

会发生的损失。因而,法律通过一定的方式将损失分配到了我们全体人身上:对首先应当承担损失的人科以法律责任,以及通过收费服务的方式将损失最终分配到社会身上。自从《劳工赔偿法》(*Workman's Compensation Acts*)颁行以来,这种趋势在不断增长。[①] 同样,损失分担的立法理由主要是经济方面的。法学和经济学的考虑,很可能会采取伦理表述的形式。不过,我以为在这种情况中,伦理学追随了法学,除了识别遵从法律规则在道德方面的妥当性以外,伦理学说在此不会为我们提供任何帮助。因此,"让雇主来答辩"(*respondeat superior*)并不是一条普遍的道德准
77 则。[②] 不管雇主有多么谨慎、多么清白,将责任转移到他的身上是符合一般安全中的社会利益的。当那些经营企业的雇主,对企业雇员在受雇期间的行为承担起绝对责任时,一般安全中的社会利益得到了最好的维护。

这类案子需要明确的规则,以避免地方法官的任意专断。它们不同于其他的案子,例如存在过失的场合,在其中法官依据适用于特定情况中的确定性法律标准,来判断行为的道德妥当性。在此类案子中,在松散的约束下,每一个事实评判者都可以拥有自己的看法。但在前一类案子中,这是不可容忍的。在前一情形中我们最多能要求的,是我们维护一般安全的措施在伦理上不会招致

① 例子可参见将《劳工赔偿法》的原则扩展至铁路事故的提议。Ballantine, *Modernizing Railway Accident Law* (reprinted from the Outlook of November 15, 1916).

② 贝蒂(Baty)批判了对这一原则所作的各种理论论证,见 Baty, *Vicarious Liability*, chap. Ⅷ(伦理学中的论证)。

反对。当我们为前一类型的案子制定规则时，可能会规定一条不属于道德准则的法律规则。

一种与此密切相关的情形提出了更大的挑战，那就是争论双方都有过错，而法律必须依据各自的过失确定损失的起因。在损害是偶然发生的场合，法律允许当事人静候裁决(停止向法庭提供证据或论辩)。[①] 根据比较过失原则，可以让过错更大方承担全部 78
责任。[②] 也可以根据"避免损害的最后机会"原则，让过错更大方承担全部责任。[③] 也可以将损失分摊或按比例分摊。对损失进行平均分配，或者像民法或海事法中的做法那样，依据各方的过错按比例分摊损失。[④] 如果在这类案子中存在对可归责性进行定性和定量分析的装置，那么它必定是以伦理为依据的。在此类案子中，由于所有的按比例分摊都是理论性的，并且最多也只能算是一种武断，因而法律自身也困惑于该怎么办。这一领域所总结出的五条责任原则，以及美国法院在上个世纪将其中至少四条原则适用于实践的尝试，说明了一个不言而喻的事实。

---

① "这条规则的理由是，当事双方都有过错，对损失无法按比例进行分摊……法律并不开释或原谅被告方的过失。虽然原告也有过错，但只要有可能，法律会让被告承担责任。只让原告免受责罚的原因，是因为从案件本身来看，无法依据他的过错确定他应承担的损失份额。虽然他在法律和道德上都有可责性，但不存在法律上的标准，用来判断其过错所导致的后果。因而，他被允许免受责罚。"Sanderson, J., in *Needham v. San Francisco R. Co.*, 37 Cal. 409. See also *Kerwhacker v. Cleveland R. C.*, 3 Ohio St., 172, 188; *Heil v. Glanding*, 42 Pa. St. 493, 498.

② Cooper, J., in *Louisville R. Co., v. Fleming*, 14 Lea (Tenn.) 128, 135; 1 Shearman and Redfield, *Negligence* (6 ed.), §§ 102, 103.

③ *Davies v. Mann*, 10 M. & W. 546.

④ *The Max Morris*, 137 U. S. 1; Scott, "Collisions at Sea Where Both Ships Are in Fault", 13 *Law Quarterly Rev.*, 17.

79 此外,法律所具有的一般特征导致了法律与道德间的某些对立。法律这个概念,蕴含了统一性、规则性和可预测性诸理念。依照法律展开的司法活动,是受法律规范尤其是规则所支配的。然而,即便是最具伸缩性的机械主义,在运作过程中也或多或少地会有些呆板,另外,让法律装置变得灵活变通,同时又能满足保护一般安全的需要,并不是一件容易的事。具体案件的需要,必须服从法律规范之一般性和确定性的需要,也必须服从规范适用之统一性和平等性的需要。因而,即使法律在大体上趋向于提供符合社会道德感的结果,但在具体案子中,法律规则那种与生俱来的机械运作,会造成法律结果与社会道德所要求的结果不一致的局面。[①] 纯粹依据历史而形成的规则之残存物,很可能是导致这种情况的根源。但从某种程度上说,它们是依法审判之不可避免的副产品。

必须承认分析法学家的这些观点是有道理的。但是,我们也
80 不能忘了指出,在上个世纪,分析法学家过分强调了这些观点。因而,一位深刻展示了分析法学之影响的伦理学家说道:"法律保护合法交易所订立的合同,不管合同条款是否始终符合正义。由于不可预见的情势,情势发生了如此大的变化,以至于其中订约一方已经破产。但是,他仍然被要求立即履行合同。或许这对另一方没有任何实质利益,但法律并不关心这一点。"[②] 这的确是严格法

① 我的一篇论文对此做了详细探讨,"The Causes of Popular Dissatisfaction with the Administration of Justice", 29 Rep. Am. Bar. Assn., 395, 397-398。

② Paulsen, *Ethics* (Thilly's transl.), 629. 鲍尔森(Paulsen)对法律与道德之关系的观点,显然受到了耶林(Jhering)的影响。因而他的立场实际上与分析法学家是一致的。*Ethics* (Thilly's transl.), 624-627.

的一种主张,即便在损害赔偿诉讼实务中,此类案子的陪审团裁决一般都不会看重协议本身的价值。但是,当承诺人向衡平法寻求有效的、充分的最后救济(全面履行)时,他就会遇到大法官在适用救济过程中所拥有的自由裁量权限,以及法院可以拒绝执行因情势变更而变得苛刻的协议这一原则。[①] 换句话说,实际运作中的法律,并不像那位伦理学家向我们所宣扬的那么差。

但是在许多地方,我们仍然没有尽到自己所应尽到的努力,去 81
使法律与道德相一致,譬如有关某些承诺——在交易过程中所做但不含有严格法律意义上的约因——的法律规定。[②] 某些规则、原则与制度活过了它们的形成环境,并不再继续提供公正的结果,但哲理法学家太有倾向性,以至于无法为它们找到富有创造力的哲学依据。历史法学家也太有倾向性,以至于无法从作为历史发展的顶点这一事实中为一条任意性规则找到依据。分析法学家则从法律书籍中清除了所有伦理因素,以及所有对涉及道德的法律规范所做的批评。只要规范能够合乎逻辑地整合入一个逻辑自洽的法律体系,就万事大吉了。从法自然学派的夸张言行以来,这类事情作为一种回应是显而易见的。在法律成长期之后的那个法律发展阶段——一个对创造性司法活动和法学活动的结果进行消化和

① See *Willard v. Tayloe*, 8 Wall. 557. 在大陆法上,这类案子由行政性禁止规定规范。Thaller, *Traité élémentaire de droit commerciel* (6 ed.), §§ 1515 ff. 并请比较罗马法上破产债务人的照顾请求权(*beneficium competentiae*), *Dig*, xlii, 1, 16 – 17, xlii, 1, 19, § 1, 1, 17, 173; Baudry-Lacantinerie, *Précis de droit civil* (11 ed.), Ⅰ, § 529; 也请比较美国对债权人之履行请求权所施加的立法限制。Thompson, *Homesteads and Exemptions*, §§ 40, 379.

② 我在《法律哲学导论》中对此做了充分探讨,见 *An Introduction to the Philosophy of Law*, lect. 6, especially 267 – 284。

系统化的有利时期，它们也同样是显而易见的。此外，对任何科学来说，19 世纪后半期都不是一个建构性时期。一位物理学家最近说道："快速发展并不是 19 世纪后半期的特征，至少对物理学来说不
82 是。优良、坚实、有力的基础已经奠定，知识的大厦也业已得到了巩固，但并未开启什么全新的领域，也未期待任何全新的知识体系。"①

今日，我们正目睹一场刚开始的回应，它针对的是历史法学派的法学悲观主义和后期分析法学派的法学惰性。对公认的法律规范集合体进行系统化，以及通过分析找出其逻辑预设的工作，已经在着手进行。新的和尚未予以保障的利益，以及新的和急切的权利诉求所带来的压力，正驱使我们去修订我们的法学信条。"法律重述"的计划，也即将付诸实施。法学家们对通过智识努力改进法律的功效，也愈来愈有信心。早已出现了一种自然法的复兴，这种自然法不是以往那种挥之不去的、向我们推行理想的法律模式的自然法，而是一种富有创造力的自然法，它使我们有能力将公认的、通过上世纪法律科学得以系统化的法律素材，改造成今日和明日社会之富有活力的审判工具。这种自然法并不提倡我们将伦理学、经济学或社会学的论说直接转化成法律汇编。不过对它来说，那种拒绝关注形式化法律规范之上或背后的事物，以至于遗漏了
83 构成法律的大部分内容的法律科学，是难以令人满意的。它不会满足于通过法律规范的某种理想形式，来论证规范自身的合理性。那种排斥了法律目的，以及参照那些目的对法律规范所作的批评的法学，同样得不到它的肯定。

① Lodge, *Continuity*, 4 (1914).

Ⅲ
哲学的视角

在整个 19 世纪，哲理法学家们在讨论法律与道德、法学与伦 84
理学的关系上倾注了很多精力。由于前一讲所论及的原因，这一主题与当时的法律科学并不契合。当时的法律科学追求彻底的自给自足，排他地运用自己的方法，并且将这些方法排他地应用于严格限定的法律素材之中。同样，这方面的大多数讨论都不能令人满意。因此，耶林说道，法律与道德的关系问题是法学中的好望角；那些法律航海者只要能够征服其中的危险，就再无遭受灭顶之灾的风险了。[①] 在英美两国的著述中，这一主题变得更为复杂。因为争论在很大程度上承袭自德国的形而上学法学家，而这些法学家所使用的术语，和我们的“法律”和“道德”并不完全相同。德国人在讨论“*Recht*”和“*Sitte*”的关系时，“*Recht*”并不仅仅指我们在通常的、分析意义上说的“法律”，而“*Sitte*”意思也比“道德”更广泛。“*Recht*”指“权利与法律”——法律不能仅从法院适用的角度来理解，还应该从法院通过司法审判所追求的目的来理解。85

---

① *Geist des römischen Rechts*（2 ed.），Ⅱ，§26 46. 相关的评论，见 Ahrens, *Naturrecht*，(6 ed.)，Ⅰ，308。

"*Sitte*"的意义比我们通常所使用的道德这个词的意义更广泛。[①]它意味着心灵的习惯——文明社会中的那些行为原则，它们已经成为第二自然，而我们一般都不大予以留意。我们可以称之为伦理习惯。换句话说，我们所表述的法律与道德的关系，对那些已开始讨论和主要致力于此的人来说，指的是这样一个问题：法律秩序所欲达到的直接目标与伦理习惯是一致的，还是应该与伦理习惯做出区分并置于伦理习惯之上？这是法律与习惯问题的哲学版本，分析法学家和历史法学家在同时争论这个问题。

如我们所见，法律哲学产生于这样一个法律发展阶段，在这一阶段，相对而言，法律与其他一般社会控制并无差异；法律与伦理习惯、大众行为的传统习惯及宗教律令融为一体，不分彼此。借由探究社会控制的理想维度和不朽理念，法律哲学产生了。这种社会控制哲学在严格法阶段之后的法律成长期，为罗马的法律人所
86 继受，并成为了一门哲理法学——试图发现法律与每一法律规则、制度及原则中的理想维度和不朽观念，从而建立起一个理想的法律体系，并用它来检验和维持从古代罗马城邦流传下来的法律素材。在近代世界，通过相应发展阶段的理性主义法律哲学，这种哲理法学得到了复兴并得以向前推进。因此，这种哲理法学的源头存在于法律、道德、伦理习惯和宗教习惯不加区分的阶段。在道德或伦理习俗与法律不断得到全面融合的发展阶段，这种法律哲学成为法律科学的主要研究方法。因而在开始阶段，人们以法律

① 霍尔丹(Haldane)对此做了很好的解释，参见：*Higher Nationality: A Study in Law and Ethics*, 38 Rep. Am. Bar Assn., 393, 402－405。

规则和道德准则的终极统一为假设，运用这种法律哲学为法律与道德的融合提供一个合理解释。

在哲学是推动法律创造性发展之日常工具的阶段，上述情形赋予有关法律的哲学思考以富有条理的形式与结构。如果在上述情形中再增加一个情况，即在宗教改革前的两个世纪，法学是神学的一部分，那么我们就可能理解法自然学派所持的哲理法学之基本预设。我们就会认识到为何法学被视作伦理学的一个分支，以及法律规则被认为只是对道德规则所做的宣示。我们就会明白为何人们认为，除非一条规则和道德准则相吻合，否则它就不能成为 87
一条有效的法律规则——这不仅仅指违背道德准则的规则不应该成为法律规则——以及为何人们认为道德规则同样具有法律上的强制力。

如果17、18世纪的法学要求实在法的有效性，扎根于它作为当时当地伦理风俗之宣示这一属性——或者更为确切地说，作为当时当地理想的伦理风俗之宣示，那么，这种法学就不会在18世纪末遭遇如此彻底的溃败。不过，当时的理性主义哲学并不看好一个这么温和的建议。此外，当时的政治争论导致了这样一种政治伦理，这种政治伦理将个人与国家、个人与社会相互对立，认为政治和法律义务的基础存在于政治制度和法律规范对个人良心的诉求之中，而这种个人良心会将抽象的人约束在完美的状态中，譬如会将作为道德实体的个体，约束在不会提出任何与理想的道德完美不相一致的要求或从事此类行为的状态中。[①]

① “联系起来观察是正确的，即当我们谈到人的自然状态时，我们并不仅仅将它

88 在司法实践中，自然法只不过是按照当时当地的伦理理想化了的朴素观念，或者说是理想化了的、补充了法律目的之道德理想的罗马法。这样的自然法放宽了对由中世纪流传下来的法律材料的限制，使法律能够及时反映当时的道德或伦理习惯。但是，这种理论并不就此止步。到18世纪后半期，它具有了反社会的含义。因为它实质上使个人良心成为了政治义务和法律义务的最终仲裁者。[①] 因而，威尔逊法官(Justice Wilson)说道："没有哪种人为的外部权威，能够约束自由的独立个体。"[②] "法律要求民众服从法律，
89 这些民众的同意……我认为是人类法之强制力的真正渊源。"[③] 杰斐逊(Jefferson)也作出了同样广为人知的断言。[④] 在实践中，只有

理解为大自然在当时给人所安置的自然、原始的状态，同样也指人通过自己的行为和协议所形成的所有状态，这些行为和协议在总体上都符合人的本性，其内容与人的性格和人生目标完全相一致。因为，人作为一种自由、明智的动物，能够看到并了解自己所处的环境，去发现自己的终极目的，进而采取正确的方法去实现这个目的。为了形成人之自然状态的一个合适理念，我们必须从这个角度进行考虑。也就是说，一般而言，人的自然状态就是符合人的本性、性格和理性的状态，同样也是有利于个人合理运用自身才能的状态，这种才能被认为是完全成熟并完美的。"Burlamaqui, *Principes du droit naturel*, Ⅰ, 4, §10.

"当人被看作是某些义务和权利的主体时，他是一个道德个体。因而，他那由义务和权利予以界定的状态被认为是符合道德的。这种状态同样被认为是符合自然的，在其间决定这种状态的义务和权利是自然形成的，或者说是依照自然法的效力将义务和权利分配给了个人。因此在自然状态中，人只受自然法的统治。"Wolff, *Institutioes Iuris Naturae et Gentium*, §96.

① Burlamaqui, Ⅱ, 3, c. 1, §6; Wolff, §1069; Vattel, *Le droit des gens*. Liv. Ⅰ, ch. 13, §159; 1 Blackstone, *Commentaries*, 41.

② *Works* (Andrew's ed.), Ⅰ, 192.

③ Id. 88. See also 57, 190, 198.

④ E.g., Letters to James Madison, September 6, 1789, *Writings* (Ford's ed.) Ⅴ, 115-124; Letter to Samuel Kerchevall, Id. Ⅹ, 37, 42-45.

在绝对的道德理论盛行的时代才能容忍这样的学说。他们事实上假设了一种标准的良心——一个勤勉而负责的人的良心,类似于我们侵权法上理性的人所具有的审慎。它不是指每个追求一时欲望之满足的人的良心,而是指他作为一个理性的道德实体所拥有的、作为法律规则约束力之尺度的真正良心。

以 18 世纪受到广泛探讨的"革命权"原则为例,威尔逊大法官认为这一原则"应该当作美国联邦和各州的宪法原则向人们进行讲授",[①]只有当全部或大多数民众达成了一致意见时,才能让每个个人根据自己的良心来决定行使"革命权"的场合与方式。如果权衡社会制度和个人生活之安全的话,推翻那些无论在运作和效果上都具有反社会性的社会制度的行为,有可能并不是一种反社会的行为。但是,一如既往,自然法理论的观点并没有如此温和。并且,只有在这一点——寻求某种终极权威以获得对道德原 90
则之内容和适用的权威表述——上达成一致,这种理论才有可能付诸实施。对于伦理习俗,人们可以大体上达成一致。我们可以假设,在一个经济组织的形式相对简单的同质社会中,每个个人在"什么是不能做的"这一点上,都应该与其他社会成员持有相同的看法。如果约翰·多伊或者理查德·罗伊声称,他们各自的良心并未指示或赞成那些规则——哲理法学家从自身良心中找到的、可归结为自然状态中个人良心之命令的规则,那么这只意味着约翰和理查德无视自身良心的命令,或者说对自己的良心做了错误的表述。只有这样,18 世纪个人主义政治的自然法才能与一般安

---

① *Works* (Andrew's ed.), Ⅰ, 18.

全相协调。[①]

与在政治层面上一样,传统的自然法理论在司法层面上同样容易受到攻击。几乎每位哲理法学家都把个人的伦理观点当作判断法律规则之有效性的标准,当作构造新的法律规则或者重塑旧的法律规则之典范。假如人们能够对伦理习俗的主要内容达成一致意见,这种思维方式无疑会成为促进法律发展的巨大力量。它
91 导致每位法学家都构造出了自己的理想标准,用来全面批判传统法律。它导致了普通法上许多大胆且突兀的司法改进,更不用说曼斯菲尔德爵士以及他的同事们所做的富有启迪的创造性司法判决了。但是在实际操作中,这种理论太过于个人化了,以致无法从世纪之末的打击中幸存下来。当时,人们看来绝不能就伦理原则和伦理习俗达成一致意见,而自然法理论则威胁到了那些可称之为制度性摆设的事物。[②] 这些自然法理论应用到了成文宪法和法典的政治、法律制度之中,而这些宪法和法典的制定并没有参照各自国家的法律传统。

经波蒂埃(Pothier)之手,自然法对近代欧洲大陆的法律起到了极大的推进作用,并指引他得出了一种关于承诺之约束力的简

① See Brown, *Underlying Principles of Modern Legislation*, 7 ff.; Ritchie, *Natural Rights*, 65 ff.

② "但是,使国家和法律得以神圣化的首要的、最重要的原则之一,是提防它的那些临时所有者和终生租用者,这些人不考虑什么是他们从自己的先人那里得来的东西,什么是应该留给后代的东西,而是要像十足的主人那样行事。他们不会认为,自己有权利通过随心所欲地摧毁自己整个社会的原有结构,去割断永业、损坏遗产。但是,他们在冒险之后留给后人的却是一片废墟而不是一幢住宅,并且教导他们的后代不必尊重他们的设计,就像他们自己不尊重自己先辈的制度一样。"Burke, Reflections on the Revolution in France, *Works*(1839 ed.), Ⅲ, 118. See also 110-111, 118-121.

明理论:即使某些承诺不在罗马法对合同所做的分类之中,但只要它们具有道德上的约束力,那么在法律上也是具有约束力的,因为罗马法上的分类是武断的,并且不符合自然简明的要求。[①] 在曼 92
斯菲尔德爵士的手中,自然法也发挥了显著的作用:在商业案件中,曼斯菲尔德爵士不再让陪审团在每一个案子中对事实上的贸易习惯作出决定,而是由自己通过研究"去发现某些人类应当了解的一般原则,这些原则不仅规范审理中的具体案件,而且还要为未来提供指引"[②]。在另一方面,这导致法典编纂者们忽视了法律规范的历史,他们由此表现出来的那种错误的立法狂热,造成了法学家们在长达一个世纪的时期内对法典抱有偏见。[③] 自然法在相对次要的法律人手上的潜在价值,可以"纽约熟练皮匠案"(New York Journeymen Cordwainers' Case)作为例证。在该案对普通法上一起轻罪的控诉中,有人争辩说,在美国不适用普通法原则,
因为"与其探究某种行为是否符合皮克特人、罗马人、不列颠人、丹 93

---

① "那种意在形成一项允诺的协议被称作合同。有关不同种类的协议,以及合同与简单协议之区别的罗马法原则,并非建立在自然法的基础之上,并且的确不够清晰明确,因此并没有被我们的法律所采纳。"*Tratédes obligations*, pt. Ⅰ, ch. 1, sect. 1, art. 1, § 1, *Oeuvres* (3 ed.) Ⅱ, 4.

请比较以往指出这一点的方式:Domat, Ⅰ, 1, 1, sect. 1 (Cushing's ed. I, §§ 144 - 159); Grotius Ⅱ, 11, 3。多玛(Domat)使用了罗马文献和罗马法学家关于协定的理论,这种协定以合意(*consensus*)为基础,并附有市民法要因(*causa civilis*)。他将"抽象合同"视为一种赠与合同(*pactum donationis*),并对其做了说明。格老秀斯总结道,除了约定或市民法要因这种形式外,还可能存在其他意思表示方式。

② Buller, J., in *Lickbarrow v. Mason*, 2 T.R.63, 73.

③ See Savigny, *Vom Beruf unsrer Zeit für Gesetzgebung und Rechtswissenschaft* (3 ed.), 32 - 151; Savigny, *System des heutigen römischen Rechts*, Ⅱ, § 75 (Rattigan's transl. Savigny, *Jural Relations*, 111 - 119); Austin, *Jurisprudence* (4 ed.), Ⅱ, 689 - 697.

麦人、朱特人、撒克逊人、诺曼人或其他生活在蒙昧时代之野蛮人的习俗，不如确定它是否侵犯了人们的权利”[①]。

在一段著名的文字中，边沁指出了传统自然法理论的弱点。在论及现有各种区分对错的不同标准时，边沁指出这些标准“包含了众多用来逃避义务的技巧，即逃避诉诸任何外在的标准，以及将作者的情感与观点自身当作理由，不加论证地要求读者接受它们”。他接着讨论了八种这样的“技巧”，并且补充道：“他们当中最为光明正大和坦诚布公的人会站出来说，我是上帝选民中的一员；现在，上帝亲自不辞劳苦地向选民们阐明何为公正，其成效是如此显著……以至于这些选民想不知道都难……因此，假如某人想知道何为公正，只要来问问我就行了。”[②]

下面几个例子表明，边沁的说法并没有言过其实。一位美国
94 法官在阐释立法的自然限制时说道：“如果某条法律规定，作为夫妻双方的 A 和 B 不应该再是夫妻，但是，A 应该成为 C 的丈夫，B 应该成为 D 的妻子，那么任何法院都……会毫不迟疑地宣告该法条无效。”[③]在另一方面，霍尔特爵士（Lord Holt）则赞同柯克的原则，即“当国会的一项法令违背普遍的权利与理性的时候……普通法将对其实施控制，并宣告这样的法令无效”。他说道，国会不能使通奸合法化，但国会可以通过立法规定 B 不应再是 A 的妻子，

① Yates' *Select Cases*, 111, 156.

② *Principles of Morals and Legislation* (Clarendon Press reprint), note on pp. 17–20.

③ Miller, J., in *Loan Ass'n. v. Topeka*, 20 Wall. 655, 662–663.

而应成为C的妻子。[1] 这意味着美国法官将我们国家关于权力分立的宪法条款，以及相应的对法定离婚的禁止，视为是对自然法所做的宣示；而熟悉法定离婚的英国法官则视其为日常琐事，并认为自然法对立法行为的限制并不及于这一点。

同样，在“斯科特诉桑福德”（*Dred Scott v. Sanford*）一案中，柯蒂斯法官（Justice Curtis）显然认为，曼斯菲尔德法官就18世纪后半期英国法所做的阐述，[2]是对自然法的宣示，在此基础上他武断地声称，除非作为国内法的一项创造，否则奴隶制是不可能存在的，并补充道，这是所有著述家的观点。[3] 然而，那些高贵的自然 95
法权威——亚里士多德[4]、格老秀斯[5]以及拉瑟福斯（Rutherforth）[6]，却提供了详尽的理由来证明在某些情况下，奴隶制的存在有着一种自然的基础。18世纪的自然法学家，是不会因为那些

① *City of London v. Wood*, 12 Mod. 669, 687－688.

② “奴隶制情形具有这一特征，即不见容于任何道德理性或政治理性，但实在法除外。实在法在理性时代之后很长一段时期内，维护了奴隶制的效力。不过，奴隶制存在的场合和时代，如今已从我们的记忆中彻底消退了。”20, *State Trials*, 1, 82.

③ “由于违反自然权利，奴隶制只能通过国内法得以确立。这一结论不仅显而易见，而且得到了许多论及这一主题的著述家们的首肯。还可以从宪法中推断出这一结论，而本法院已对其做了明确宣示。”*Dred Scott v. Sanford*, 19 How. 393, 624.

④ “但是，是否有人因此而注定要成为奴隶呢？这种状况对什么人来说是有益且公正的呢？抑或说所有的奴役并非都是违背自然的呢？无论是依据理性还是事实，这一问题都不难回答，因为统治与被统治不仅是必然的，而且是有益的。一部分人天生就注定受制于人，一部分人则注定治人。……那么，很显然，有些人天生就是自由的，有些人天生就是奴隶。对于后者来说，奴隶制不但有益，而且公正。”*Politics*, i, ch. 5 (Jowett's transl., Ⅰ, 7－8).

⑤ *De jure belli ac pacis*, Ⅰ, 5, 27, §2; Ⅰ, 5, 29, §§1－2. Whewell's transl., I, 333－334, 335－336.

⑥ *Institutes of Natural Law*, Ⅰ, 20, §4.

权威而烦心的。作者的理性与良知就能够告诉他什么是自然法，而任何理性的作者都不可能观点相左。我们首先会看到，在这些作者的写作环境中，奴隶早已被废弃，而其他的作者对作为制度存在的奴隶制则颇为熟悉。环境对理性的指示有着决定性的影响。

一位 18 世纪的法学家阐明自然法时的情形，与边沁提到的那位自称为上帝选民的人相同。他们都向我们阐述个人观点，并且认为这些个人观点对其他所有人都有约束力。在绝对道德理论盛
96 行的时期和地区，人们对道德的全部或主要内容达成了一致，而法学家就可以将普遍接受的公正形象当作一种典范，应用于对法律素材所做的建设性工作之中。从这一源头中，可以归纳出任意数量的权威性自然法规则，并无损于一般安全。在这种情形下，有可能实现边沁提到的那位上帝选民的理想。但是，当绝对理论遭到抛弃，普遍认可的权威不复存在，尤其是持有不同诉求与愿望的阶级在根本问题上发生分歧时，18 世纪意义上的自然法会使每个人成为自己的法律。法国大革命对自然法理论的运用使人们意识到这一点，也使伯克(Burke)[1]、雨果(Cuoco)[2]和萨维尼(Savigny)[3]分别在政治学、政治史和法学领域抛弃了过去两个世纪的哲学方法，并创建了 19 世纪的历史政治科学和历史法学。此外，19 世纪

---

① See Laski, *English Political Thought from Locke to Bentham*, 243 – 256; Braune, *Edmund Burke in Deutschland*.

② *Saggio storico*, §§ 1 – 7 (1800). See Croce, *Storia della storiografia Italiana nel secolo decimomono*, Ⅰ, 11.

③ See Pound, *Interpretations of Legal History*, 12 – 14. 并请比较梅因(Maine)对这些为新卢梭主义者所强调的理念的态度，*Popular Government* (American ed.), 154 – 162。

的哲理法学家，或者说，我们所称的形而上学法学家，则努力将自然法建立在某种基础观念之上。那是一种独创性的观念，并且具 97
有绝对的、普遍的有效性。

结果，在将近一百年的时间里，哲学家和法哲学家不再认为法律规范是对道德原则所做的宣示和公布，而是试图分开、对比法律与道德。

康德（他对分析法学家的影响已在前一讲中做了置评）开始宣称，人在努力协调动物性自我和理性自我的过程中，会看到自身的两个方面：一个是内在的，一个是外在的。因而，他的行为就会有双面性。一方面，它们是自身意志的外部表现；另一方面，它们是动机激励下的意志决断。一方面，他处在与其他相同的人以及外部世界的关系中；另一方面，他和以往一样，是独立自主的。法律涉及其行为的一个方面，道德涉及行为的另一方面。法律要解决的问题，是使具有自由意志的、自觉的人们免于互相侵犯。法律因而命令，每个人应以与其他所有人的自由相协调的方式，去行使自己的自由，因为其他人本身也同样被视为是目的。但是，法律与外部行为相关。所以，它只涉及外部强制的可能性。在法律意义上，
权利只在强制其他人尊重它的范围内存在。[①] 98

用康德自己的话来说：“债权人有权要求债务人清偿债务这一说法，并不是说债权人可以向债务人的良知请求偿还债务。它的意思是，在这种情况下，根据一项普遍适用的法律，强制要求清偿

① *Metaphysische Anfangsgründe der Rechtslehre*, Intr. §§ B – D. See Caird, *The Critical Philosophy of Kant*, Ⅱ, 294 – 300.

债务与每一个人的自由是一致的，因而与债务人本人的自由也是一致的。”[①]即使是从要求他人消极作为的内在方面来看，这种情形也会不时发生。他所讨论的一个例子很有启发性。在腓特烈大帝的普鲁士法典(Prussian Code of Frederick the Great)中，有一饱受争议的条款，它处理在债务产生和债务履行期届满之间货币体系发生变动的诉讼。债务人应当按照当前的债务价值、金属价值还是货币的面值清偿债务?[②] 康德从诉求就是运用权利进行强制的立场回答说:“当合同约定支付的货币在订立合同和履行债务期间贬值了，债权人可以拥有要求按原有价值清偿的衡平诉求。但是，既然债权人已经获得了他通过交易本应得到的东西，并且合
99 同对这一情况没有作出规定，所以法官不可能兑现债权人的这种诉求。”[③]因此，这里存在一种衡平或道德诉求，但是从理想的法律秩序来看，这不是一种权利。康德的解答充斥着严格法的精神，因而也充斥着法律成熟期的精神，而成熟期的法律与严格法之间存在着许多密切的关系。值得注意的是，虽然在19世纪，人们尝试将英美国家的衡平法按照严格法的模式进行系统化，但是，衡平法依然大量保留了17世纪将道德等同于法律的精神，并拒绝执行由于货币价值的变化而变得苛刻的协议。[④] 康德的解答也与今日法律制度通常所提供的答案相一致。实际上，在美国法中，虽然债权

① *Metaphysische Anfangsgründe der Rechtslehre* (2 ed.), xxxvi.

② Savigny, *Obligationenrecht*, § 46. Brown, *Epitome and Analysis of Savigny on Obligations*, 81 - 82.

③ *Metaphysische Anfangsgründe der Rechtslehre* (2 ed.), xxxixxl. 我引用了伽德(Caird)的意译，*The Critical Philosophy of Kant*, Ⅱ, 299。

④ *Willard v. Tayloe*, 8 Wall. 557.

人在这样的案件中不能要求实际履行合同,但他可以通过普通法诉讼请求得到与交易价值相当的补偿。[①] 因而,衡平法拒绝介入的结果是,债权人通常只能得到一份很不充分的补偿。衡平法院法官会一推了之,说道:"去普通法法院吧,那里更冷酷。"

在康德的理论中,法律与道德是相互区别的。实际上,在很早 100
以前,托马修斯(Thomasius)就开始坚持这种区别。当时,还产生了立法运动和法典化潮流,它们促成了实在法是最高理性所推行的自然法之权威宣示这一观念,从而促成了关于理性义务的一种强制性理论。[②] 在 19 世纪成熟的法律中,同样的情形推动分析法学家们采纳了法律与道德是有区别的这种观点,并且向前又推进了一步,也推动了通过对两者进行对比说明法律与道德之关系的哲学尝试。在认为两者处于对立关系的哲学家中,黑格尔是一个典型。他认为,更确切地说,权利,就是我们通过法律所欲实现的目标,就是自由的可能性。道德并不决定什么是可能的,而是什么是应当的。因此,法律和道德分别作为可能的(即外部实现的可能性)义务和内在的义务,是相互对立的。[③] 阿伦斯(Ahrens)也对二者进行了对比。法律和道德都是对一个基础性的权利或正义观念

---

① 这是盛行于美国的一条原则。关于不同的处理规则,见 3 Sedgwick, *Damages* (9 ed.), §§ 1001 - 1012。

② *Fundamenta iuris naturae et gentium*, Ⅰ, 1, 6, §§ 3, 32 - 43, 64 - 66, 74 - 75, Ⅰ, 1, 4, §§ 89 - 91, Ⅰ, 1, 5, § 47; *Institutiones jurisprudential divinae* (7 ed.), Ⅰ, 2, §§ 63 - 100.

③ *Grundlinien der Philosophie des Recht*, §§ 104 - 114. See Reyburn, *Hegel's Ethical Theory*, 118 - 121; Wallace, *Hegel's Philosophy of Mind*, 21 - 23. 在此我们举了一个黑格尔倾向于将对比视为对立的例子。See Croce, *Philosophy of Hegel* (transl. By Ainslie), chap. iv.

所做的推断，但二者是互不相同的：道德推断给了我们一门主观的
101 科学，而法律推断给了我们一门客观的科学。在道德中，我们的推断指向行为的动机；在法律中，则指向行为的外部结果。这两个领域是互不相同的，相应地，其内容也极可能互不相同。①

在 19 世纪的后半期，以具有自由意志的、自觉的个人为终极依据的各种个人主义理论，开始让位给以人之社会依赖性为基础的理论，这种理论不再以个人独立这一最初原则为依据。人们逐渐放弃了将法律与道德进行对比的努力。一个努力使法律从属于道德的新阶段呈现在我们面前。

至 19 世纪末，法律和法律科学中的一场新运动已经显山露水了。对法律制度自发发展所持的信念，开始让位给另一种信念：人们能够根据已知的目标卓有成效地制定或塑造法律。一种趋势出现了，即有意识地使法律和政治制度朝着实现人类一般目标的方向发展，而不是将制度运作局限于少数最高目标上。特别是，不久前还将整个重点放在维护一般安全上，如今重心却逐渐向着个人
102 生活转移。就像法律成熟期在某种程度上回复了严格法的精神和观念那样，这种新趋势与所谓的衡平法及自然法阶段有着许多共同点，而许多世俗道德观念在那个阶段融入了法律。在法学上，这首先表现为对法律权利与所谓的自然权利之关系的深入理解。事实表明，最终要解决的是人类的诉求、要求或欲望。在所有这些实际的（*de facto*）诉求、要求或欲望中，有些被伦理习俗所认可；有

---

① *Cours de droit naturel*（8 ed.），Ⅰ. §21. As to the relation of this to Krause，see Id. 78－80.

些被道德学家和法学家认为是合理的，从而被称为自然权利；有些被法律所认可和界定，并通过法律权利的形式发生了效力。自从上个世纪末以来，立法和司法判决很显然持续朝着完全不同于我称之为法律成熟期时的方向运动。重心已经从个人利益转向了社会利益。满足人类需要——而不是一般安全——已经成为了口号。我们不再将法律与其他社会制度相分离，而是让法律与它们协调一致、通力合作，努力以最小的代价满足最大程度的人类需要。[①]

与这场运动相伴随的，是法律哲学借着各种社会哲学流派的 103
兴起实现了复兴，而这些社会哲学流派取代了上一世纪形而上学哲学流派的位置。这场复兴的一个特点，是涌现了以实现道德准则为目标的法律规范之新理论，法学从属于伦理学的老观点也因而得到了复兴。

早在1878年，耶利内克（Jellinek）就完成了从法律和道德的相互对立，到法律从属于道德的转变。他说道，法律是最低限度的伦理。亦即，法律的领域是道德要求的一部分，在特定的社会发展阶段中，对这部分的遵从是必不可缺的。在此，耶利内克用“*Recht*”一词，意指我们试图制定的法律或观念中的法律，因为实际的法律规范有时达不到最低限度的伦理要求，有时恰如其分，有时则

① 我在其他地方对这一运动做了详细思考：“The Scope and Purpose of Sociological Jurisprudence”, 35 *Harvard Law Rev.*, 489, 506 - 516; “The End of Law as Developed in Legal Rules and Doctrines”, 27 *Harvard Law Rev.*, 195, 225 - 234; *The Spirit of the Common Law*, lect. 8. See also Ehrlich, *Grundlegung der Soziologie des Rechts*, chaps. 9 - 10。

可能超过。如此看待的话，法律就只是道德的一部分。也就是说，法律的领域只是伦理习俗领域的一部分，或者说法律是与社会秩序之不可或缺的条件相关的那部分。广义上讲，道德包括所有内容。但从狭义看，道德与法律不同，它只包括必不可少的最小值之外的内容。超过最小值的内容是值得追求的，但并非是不可或缺的，耶利内克称之为“一种伦理性奢华”。这一最小值代表了我们
104 希望通过法律规范使其生效的那部分内容。① 法律和道德是相互对照的，然而在更为广阔的意义上，道德用来指涉整体。这一点极为重要。在其他方面，耶利内克的理论具有19世纪的典型特征。譬如说，它认为法律的范围应该尽可能地予以缩小。这是形而上学法学的遗产，而后者的全部观点都以自由意志为依归。作为一种系统的限制——为了实现个人自主的最大化而对自由所做的限制，法律是必要的，但又是一种轻度的不幸。应当以一种警惕的态度仔细审查法律，防止法律扩张到明显必要的范围之外而使自己受到损害。② 耶利内克之工作的首要价值，是指引我们注意心灵对实际法律行为所施加的限制，这些心理限制经常会阻止我们通

---

① *Die sozialethische Bedeutung von Recht*, *Unrecht und Strafe*, chap. 2. Demogure, *Les notions foundamentales du droit privé*, 13 ff. “尝试发现法律与道德，尤其是习惯法与伦理习俗的其他任何区别的努力，除了对规范日常生活具有或多或少的重要性外，迄今尚未被证明是成功的。”Radbruch, *Einführung in die Rechtswissenschaft*, 11－12.

② “用这些术语来总结的话，道德与权利（即 *diritto*，权利加法律）的差别是一种程度上的差别，而不是一种实质性的差别。不过，这是一种很重要的差别，因为它将强制性权力约束在了某种限度之内，而这种权限对于使个人与全体和谐共处来说是绝对必要的。”Lioy, *Philosophy of Right* (transl. by Hastie), Ⅰ, 121. See also, Beudant, *Le droit individual et l'état*, 148.

过法律装置和法律制裁，去获取那些在道德上值得追求的事物。[1]

在各种类型的社会哲学流派中，出现了一种以这样或那样的 105
方式使哲理法学从属于伦理学的趋势。正如社会功利主义者所表述的那样，法律的直接目的是保障利益。也就是说，保障人们的诉求与要求。相应地，我们必须就应该承认何种利益而作出选择，必须确定我们所承认的这些利益的限度，必须衡量、评估各种相互冲突或重叠的利益，以便以最小的代价去保障最大多数的利益。在选择、衡量或评价利益的时候，无论是在立法、司法判决还是在法学著作中，无论是在法律制定还是在法律适用过程中，我们都必须求助于伦理学来找出做决定的原则。道德是一种对利益的评价；法律是，或至少是努力成为根据这种评价所做的规定。[2] 因此，我们实质上恢复了这种观念：在某个方面，法学是应用伦理学的一个分支。

如新康德主义的领军人物*所表述的那样，我们是通过法律寻求正义的。但是为了通过法律实现正义，我们必须阐明时代的
理想。即便我们无法通过阐明社会的、政治的以及法律的理想，去 106

---

① *Allgemeine Staatslehre* (2 ed.), 89 ff., 324 ff. “法律的代价过大，以致无法用来实施所有的道德法。”Parsons, *Legal Doctrine and Social Progress*, 19.

② Korkunov, *General Theory of Law* (transl. by Hastings), 52. “因此，价值观念是伦理学的基础观念。其他术语，诸如义务、法律或权利，都不是思考的最终对象。它们中的每一个，在逻辑上都要求价值观念作为自己最终得以依赖的基础。当面对某些显而易见的道德诉求时，或许有人会问：‘为什么这是我的义务？为什么我必须服从这项法律？为什么将这一行为过程看作是权利？’无论哪个问题的答案，都存在于这一指示中，即在每一个案子中，义务、法律和权利的要求都趋向于促进人类福利，并提供那些人们的确认为是有价值的东西。”Everett, *Moral Values*, 7.

* 指德国法学家鲁道夫·施塔姆勒(Rudolph Stammler, 1856—1938)。——译者

确定一种必须永远坚持的永恒自然法的每个细节——或者至少确定其主要路线，但是，我们还是可以推动司法审判不断进步，并实现当时当地的理想。因此，我们至少拥有一种内容在不断增长的自然法：一种理想的伦理习俗，一张有可能是根据当时当地的制度和伦理习俗绘制的法律目的之理想图景。这种自然法作为一种工具，用来塑造法律和发展法律素材，以及吸收和提炼法律之外的素材。① 但是，这些理想是在法律之外发展起来的。它们是道德理想。鉴于伦理学与这些目标——我们所追求的，并用于评估法律规范、原则和制度的目标——相关，并努力使法律规范、原则和制度成为实现这些目标的手段，而法学更多地涉及获得这些法律规范、原则和制度的方法，因此，法学是从属于伦理学的。

107 如新黑格尔主义的领军人物*所表述的那样，伦理习俗意义上的政府、法律和道德，是实现文明理想的要素。他告诉我们，因此法学必须重视社会所力争实现的理想目标。② 也许，在晚近哲理法学的领军人物中，唯独他没有或明或暗地在某种程度上将法学从属于伦理学。他的观点是一种进化论的观点。法律和道德描

① “因此，当以往的法学家们寻求一种具有绝对价值的、明确的法律时，他们错了。但是，他们也有可能持之成理——假如他们努力寻求的是一种内容可变的自然法，亦即一些相互间存在事实关联的、包含了一种理论上之正法(just law)的权利规范和法律规范。”Stammler, *Wirthschaft und Recht* (2 ed.), 181. See Stammler, *Lehre von dem richtigen Rechte*, 116 - 121; Charmont, *La Renaissance du droit naturel*, chap. 9 (Modern French Legal Philosophy, 106 - 111); Saleilles, *L' école historique et droit naturel*, *Revue trimestrielle de droit civil*, I, 80, 98; Demogue, *Notions fondamentales du droit privé*, 22.

* 指德国法学家约瑟夫·柯勒(Josef Kohler, 1849—1919)。——译者

② *Moderne Rechtsprobleme*, §§ 1 - 7; *Rechtsphilosophie und Universalrechtsgeschichte*, § 9.

述并促进了一种渐进式的文明。[1] 因而，法学和伦理学都从属于一部世界文明史，我们可以依据这部历史来确定文明发展的进程；法学与伦理学也都从属于权利哲学及经济哲学，我们可以根据这两门哲学，来确定当时当地文明的法律原理。[2] 然而，在最近论及伦理学的法学著作中，有好几本差不多是以作者的喜好为前提的，这导致在实践中将法学或多或少地依附于一门学科——一门近代伦理哲学家可能主张是属于他们的学科。

如果我们联系法律规范和法律制度的发展，来回顾有关法律与道德的法哲学理论之发展进程，我们马上就会看到，哲学理论与当时当地实际的法律现象是密切相关的。的确，它们只不过是试 108
图对不同发展阶段的法律秩序所遇到的问题，以及解决这些问题的方法给出一个合理的说明。在最初的发展阶段，法律与道德基本上是互不区分的，作为对当地不同的伦理习俗和法律的解释，人们提出了依据自然之公正和依据习俗之公正的理论。在严格法阶段，法律规范是自给自足的，并且从不考虑外部影响。道德遭到了忽视，而哲学只不过用来提供或支撑起一个权威性基础。在衡平法或自然法阶段，公认的法律规范集合体不再是自给自足的了。未受保障的利益以及遭到忽视的伦理习俗所施加的压力，促使道德理念从外部大量融入了法律。因而在一定时期内，道德得到了优先重视，而哲理法学家们将法律规则视为某种类型的道德准则，并将法学从属于伦理学。当这种融合完成之后，先前的压力逐渐

① Kohler, *Lehrbuch der Rechtsphilosophie*, 2.

② Ibid. *Rechtsphilosophie und Universalrechtsgeschichte*, § 2.

消失了，因而这一时期的任务，是对从道德中接收过来的内容进行
消化和系统化。似乎只有立法者才会遭遇到道德问题——在极少
数需要其进行干涉的场合。从而，法律与道德、法学与伦理学并肩
而立、相互比照。最终，在一轮新发展的开始阶段，当未受保障的
109 利益和遭到忽视的伦理习俗再次施加压力时，被要求为创造性司
法活动——用来保障那些利益，并将伦理习俗和伦理研究结果转
化为法律素材——提供一个合理解释的哲理法学家，又一次将法
学从属于伦理学，并提出了相关的新说法。[①] 或许新的倾向是这
样的：法学和立法不能被严格、直接地划分开来，两者都是以政治
伦理学和社会伦理学为前提的。

至此，我们纵览了上世纪三种考虑法律与道德之关系的方式。
我们追溯了每一种方式的由来和发展。我们看到了每一种方式和
存在于特定法律发展阶段之问题的关系。我们也看到，随着那些
要求哲学家予以解释的现象的改变，一些最初是为了寻求某个问
题的哲学答案而提出的假设，是如何在该问题的漫长探讨过程中
不断改变其实质内容的。不过，在整个演变过程中，这些假设基本
110 保留了原来的名称。没有任何理论能够长久地维持自身的地位，
因而在经历了 2400 年的哲学与法学的探讨之后，我们实际上仍然

---

① 在政治学中可见到一场类似的运动：“从这一理念（耶林使利益——而不是意志——成为关键的做法）中逐渐发展出了一条重要的原理，即法律揭示了对相关利益所做的一个价值判断，这一判断体现了人类的道德特性，相应地，（司法）造法主要是一个伦理过程，而不是司法过程。”Krabble, *The Modern Idea of the State* (transl. by Sabine and Shepard), 133. Hobhouse, *Elements of Social Justice*，将政治学从属于伦理学。

是在原地踏步。如果我们说,对分析法学家而言,法律就是制定法;对历史法学家而言,法律就是习俗;对哲理法学家而言,法律就是自然法,那么,我们基本上公正地对待了上世纪的主流法律学说,并且是以希腊哲学家所完全能够理解的方式表述了它们。而且,希腊哲学家会觉得我们还在争论他们已经争论过的问题,觉得我们实际上没有什么长进。在希腊哲学家看来,即便是机械社会学家完全依据伦理习俗来表述法律的努力,也不过是法律就是习惯法的一种说法而已。这种评价看上去也是有道理的。

如果真是如此,那么这一漫长的讨论仅仅证明了希腊思想家洞察问题之根源及其根本困难的能力。难道我们必须承认,我们采用了错误的方法?我们是否可以指望通过这种方式——提出一个涉及某种单一、简单关系的问题,再给出一个单一的、简单的答案——去理解社会控制或者作为社会控制之中介的法律?对社会现象——因而包括法律现象——做简单化解释是行不通的。我们曾经一直坚持要予以划定的分析性界线并不存在,除非是为了便于说明问题。除非是为了教学的目的,否则我们不可能为每门社 111
会科学划出精确的边界线,并且去设置海关守卫学科边界以防外边的思想走私进来,去设置常备军以防外来学科入侵领地。事实上,有人会怀疑:即便是迫切的学术教学需要也不要求对学科范围施加这样的限制,而造成这种限制的部分原因,在于学术研究本身是趋向系统化的。无论如何,这些展示在社会科学领域中的学科图表,消解了总体的太多内容,也消解了它们从总体中划分出来的每一具体领域的太多内容。甚至在诸如法律与道德之关系这种问题上,单是对问题所做的这种陈述就已经略去了太多的内容。

如果我们从源头上仔细考察我们自己的英美法律体系，就会发现，其中的一些规则和原则是在早些时候从罗马法中引入的，这种引入开始是以罗马法具有普遍权威这种理论为依据的，而后以罗马法是具体的理性这种理论为依据。但是，我们会发现，在这些被引入的规范中，一些是罗马司法审判中的传统规范；一些是罗马法律科学所概括的规范；一些则是为罗马法学家所借鉴、用于解决法律问题的希腊哲学观点。我们也会发现，另外一些规范是引自教会法或模仿教会法的，还可发现，这些规范的渊源是多种多样或
112 者说是混杂的。罗马法、圣经文本、教会神父的著作与日耳曼习惯法都在不同程度上促进了教会法规范的形成，而教会法如今已经成为美国法的一部分。我们会发现，还有一些规范是通过类比封建社会的规范发展而来的。因而，我们完全按照“关系”而不是“意志”进行思考的模式（这是英美法和大陆法的区别之一），缘起于通过类比当时最重要的制度——领主和佃户的封建关系——对各种各样的问题所做的司法处理，而在那时，普通法尚处于形成时期。同样，通过类比“联合佃户”，我们确立了复数的债务人或债权人的观念，并以完全不同于欧洲大陆的方式看待这种情况。而在大陆法上，人们返回已有法律制度，通过类比一项尚未分割的遗产，得出了复数的债务人或债权人之法律概念。

进一步研究下去，我们会发现一些源自日耳曼习惯法的规则与制度。我们会发现，还有一些规范与原则，不过是司法机构对中世纪经院哲学之玄义所做的改编。我们会发现，有时司法机构采纳了大众的行为习惯，并对其做了技术性处理（比如美国的采矿法）。我们会发现对伦理习俗所做的某些改编。我们会发现，许多

规范与原则源自一门技术性法律科学所做的系统而缜密的推论。113
例如，一些教科书作者为了便于讲解，设计出了一个普通法诉讼的"自然"体系，而在美国法律程序中，我们发现法院据此建立一个包括合同之诉（*ex contractu*）和侵权之诉（*ex delicto*）的体系，虽然普通法以及程序性法规中并不存在这样的诉讼分类。① 我们会发现理想社会秩序的哲学图景，例如美国法院对这一原则——普通法只有在"可适用的"场合才有效——的运用。我们会发现，抽象的伦理思考的原则，转变成了法律规范，例如不止一条的超伦理的（ultra-ethical）衡平法原则。我们会发现，科学的经济学观点被用来填充抽象的法律准则的内容，例如，在适用宪法第十四修正案时，菲尔德法官（Justice Field）求助于亚当·斯密（Adam Smith），从而提出了从事自然合法之职业的法律权利这一概念，而这一概念的内容来自古典政治经济学理论。② 我们会发现，许多关涉"主权"观念的法律规范，同样运用了政治科学的概念。科学研究的技巧以及传统的职业技术得到了广泛的应用。伦理哲学、经济理论和政治观念——它们直接或间接地存在于我们称之为"公共意见" 114
的综合体中——则发挥了更大的作用。

既然这么多不同种类的因素都进入了法律规范的发现、制定、塑造和适用过程，从而自身也成为了法律素材的一部分，我们就不能将论题简单地归结为法律与道德之关系问题。

---

① See Bliss, *Code Pleading*, § 9; *Supervisors v. Decker*, 30 Wis. 624; Scott, "Progress of the Law—Civil Procedure", 33 *Harvard Law Rev.*, 236, 240 - 242.

② *Butchers' Union Co. v. Crescent City Co.*, 111 U. S. 746, 756 - 757.

总而言之，法律既不能远离伦理习俗，也不能落后太多。因为法律不会自动地得到实施。必须由单个的个人来启动、维持、指导法律装置的运转；必须用比法律规范的抽象内容更全面的事物，来激励这些人采取行动，并确定自己的行动方向。不过，只要观察一下构成当今法律体系之主干的众多法律规范，就会明白它们绝不是对伦理习俗所做的权威发布。在很大程度上，它们体现了法学和司法寻求从传统法律素材中合乎逻辑地得出一条规则，或者是寻求一条可以说是有权威支持着的规则。它们是对传统规范所做的技术性处理，或者是对权威的法外命题所做的技术性改编。它们是法院和法律人的专门的技术性习惯。

虽然法学家们一直在争辩法学与伦理学的关系，但其他人却
115 敦促他们去研究法学与经济学、法学与政治学以及法学与社会学的关系。实际上，我们可以说，在上述每一个主题中，关于法律与道德的关系已经说了很多，得出的结论也基本上相同。法学、伦理学、经济学、政治学和社会学的核心部分是完全不同的，但其边缘部分却是相互重叠的。当我们考察或主要考察各自的核心部分时，对它们所做的那些分析性区别是完全正确的。但是，除非我们准备好接受各个学科之间持续而深入的相互渗透，否则，我们就连学科的核心部分都无法得以理解，更不用说核心之外的争议领域了。所有社会科学必须携手合作，更为重要的是，必须与法学携手合作。如果我们从社会控制的一小部分入手，通过分析性标准确定其边界，并企图从学科自身的视角、运用学科自身的材料与方法对其进行排他性的研究，那么，从中得出的结论虽然在表面上是符合逻辑的，实际上却是专断的，并且除了用于理论探讨外，这些结

论没有任何价值可言。这就像初民的法律在共同债权人中间分配违约债务人的身体那样，每个债权人都不可都拥有整个身体，因此有人就要求动手术将其分开。

参考文献

I
历史的

Bergbohm, *Jurisprudenz und Rechtsphilosophie*, 1892, pp. 251–276, 443.

对近代自然法的各种伦理体系做了说明和批判。

Carter, *Law: Its Origin, Growth and Function*, 1907, lects. 5, 6.

"法律最初是社会自治行为的产物,并适时地成为社会持续发展和完善的一个动因。社会不能离开法律而存在,或离开法律创设而存在……因此,法律是自生(self-created)和自在(self-existent)的。"(第 129 页)

"习惯……作为行为的普遍方式,是大众思想和信念可靠的明证,因为它们是所有人观念的共同产品,每个人都参与了它们的形成过程。对于执行如此形成的规则,没有人会抗议,因为这是给每个人平等地表达自由而制定出的唯一规则。只在所有人都同意某种限制是必要的时候才进行限制。这是自由的范围,因为它赋予每个个体以最大可能的空间,个体在其中可以不受约束地自由活动和作为。"(第 143 页)

Clark, *Practical Jurisprudence*, 1883, pp. 188–195.

Clark, *Roman Private Law: Jurisprudence*, 1914, I, 22–23, 93–146 (§ 3).

从历史法学的立场批判了奥斯丁。

Holmes, *The Common Law*, 1881, lect. 4.

Holmes, *Collected Papers*, 1920, pp. 168–179 (重印了一篇写于 1897 年的讲稿).

Jenks, *Law and Politics in the Middle Ages*, 1898, chap. 8

Jhering, *Geist des römischen Rechts*, (5 ed.) 1894, Ⅱ, § 26.

耶林在严格法中清楚地划分了法律与道德的界限。

Lightwood, *The Nature of Positive Law*. 1883, chap. 14.

"因此,即使在有必要采取法律制裁之前,我们还能贴切地划分道德、法律和个人意志的不同领域。的确,只要道德和法律只存在于习惯中,要区分它们就会有难度,但是一旦它们被表述为规则,我所指出的那种区别就开始呈现了。"(第 382 页)

Maine, *Ancient Law of Institution*, 1874, lect. 13

Pomeroy, *Introduction to Municiple Law*, 1864, §§ 10 - 14.

"欧美实际所使用的地方性法律是由伦理准则和历史记录组成的。"(第 7 页)

Pouhër, *Essai sur l' histoire générale du droit*, 1849, chaps. 2, 3.

Puchta, *Cursus der Institutionen*, 1841(transl. in part in Hastie, Outlines of Jurisprudence, 1887), Ⅰ, § 7 (Hastie, 17 - 20).

"对某种关系所持的法律观点或道德观点,当有一个被确立为具有排他的正确性时,就会在彼此之间设置敌意。"(黑斯蒂:《法理学纲要》,第 7 页)

Pulszky, *Theory of Law and Civil Society*, 1888, pp. 316 - 332.

Savigny, *Vom Beruf unsrer Zeit für Gesetzgebung und Rechtswissenschaft*, 1814, (3 ed. 1840), reprinted 1892 (transl. by Hayward as "*The Vocation of Our Age for Legislation and Jurisprudence*", 1831).

该书第二章是 19 世纪历史法学的经典阐述。

斯莫尔(Small)对这本小书做了出色的述评。Small, "Origins of Sociology", chap. Ⅱ; first published as "The Thibaut-Savigny Controversy", 28 *American Journal of Sociology*, 711 - 734.

Savigny, *System des heutigen römischen Rechts*, 1840, Ⅰ, § 7.

Schmoller, *Ueber einige Grundfragen des Rechts und der Volkswirtschaft*, 1875, pp. 31 - 52.

历史的 — 经济的论述。

Vinogradoff, *Common Sense in Law*, 1914, pp. 25 - 27, 56 - 60.

"法律显然不同于道德。法律的目标是让个人服从有组织阶层的意志,

而法律倾向于让个体服从自己的良心指示。"(第 58 页)

Vinogradoff, *Historical Jurisprudence*, Ⅰ, Introduction, 1920, pp. 43 - 52.

康德主义作品。

Vinogradoff, *Custom and Rights*, 1925, chap. 2.

Ⅱ
分析的

Adams, Centralization and the Law, 1906, lect. I.

机械的社会学分析。

"在理论上,权利与正义作为某种高于社会实利——或者说阶层利益——的事物,是思想的臆想与虚构。科学的事实是,现实是各种力量之间的必然冲突,这种冲突沿着最小阻力的方向,达致一个对统治力量有利的结果。"(第 58 页)

Amos, *Systematic View of the Science of Jurisprudence*, 1872, pp. 77 - 78, 393 - 395, 514 - 516.

Amos, *Science of Law*, 1874, chap. 3.

"法律与道德不但有区别,而且实际上是完全对立的。"(第 32 页)

Austin, *Jurisprudence* (5 ed.), 1911. 前六讲的内容出版于 1832 年。第五讲分析法学的经典阐述。

Bierling, *The Austinian Theory of Law*, 1906, pp. 34 - 55.

对奥斯丁的批评与阐述。

Capitant, *Introduction à l'étude du droit civil* (3 ed.) 1912, pp. 3 - 4.

社会的有组织化同等地依赖于法律和道德。法律规范与道德规范都具有约束力。那些法律由公共权威来实施,那些道德则只宣示给个人良心。

Dillon, *Laws and Jurisprudence of England and America*, 1894, pp. 11 - 20.

Gareis, *Encyklopädie und Methodologie der Rechtswissenschaft*, 1887 (5, ed. by Wenger, 1920; 3 ed. transl. by Kocourek as *Introduction to the Science of Law*, 1911), § 6, Kourek's transl., 38 - 42.

Goadby, *Introduction to the Study of Law*, 1910 (2 ed., 1914), chap. 2.

Gray, *Nature and Sources of the Law*, 1909 (2 ed., 1921), §§ 642－657 (2 ed., 302－309).

Hearn, *Theory of Legal Duties and Rights*, 1883.

“法律是……许多因素的结果。在这些因素中,我所提及的每一种力量——正义感、功利的信念、习惯的力量——都具有重要的地位。即使正义不是我们所有法律的基础,它也是决定人际交往中相互义务和权利之重要法律体系的基础。……但是在决定国家的需要和意愿时,正义没有发言权。这些涉及政策和自由裁量的事务变化无常,就像个人的需要和意愿会随情势而改变那样。正是在法律体系的这一部分中,功利原则找到用武之地。……我当下的意见是,绝对义务主要基于权宜以及源自正义的责任;而普通义务,由于它们部分地涉及公共政策,部分地涉及私人权利,因而是受两者共同管辖,而不是受其中某一原则的独占管辖。然而,不能忽略的是,在这些错综复杂的事务中,没有哪种力量是脱离其他因素单独发挥作用的,它们不断地在相互回应和作用。”(第70—71页)

Holland, *Elements of Jurisprudence*, 1880 (13 ed., 1924), 12, ed., 29－40.

“法学家要做的第一件事,就是接受这一毋庸置疑的事实,即这个世界存在道德原则,虽然因国家和时代的不同而存在许多细节差异,但它们有着确实广泛的相似性;接下来,就是观察使这些原则生效的制裁类型。这样,他就会坚守将法律(作为专门学科的研究对象)与道德法则相区分的立场。”(第12版,第30页)

Korkunov, *General Theory of Law* (transl. by Hastings, 1909; 2 ed., 1922)., First ed. in Russian, 1887; the translation is from the 6th ed., 1904, §§ 5－7.

“因此,可以很简洁地将道德和法律的区别表述出来。道德提供了正确评价我们利益的标准;而法律划定了应予限制的界限。”(第52页)

Markby, *Elements of Law*, 1870 (6 ed., 1905), §§ 12－30.

Nicol-Speyer, *Systematische Theorie des heutigen Rechts*, 1911, Ⅰ, 196－208.

分析性社会功利主义。

Pollock, *Essays in jurisprudence and Ethics*, 1882, pp.18－30.

从分析的立场批判了洛里默(Lorimer)的《法律概要》。

Pollock, *Oxford Lecture*, 1890, pp.13－17.

将19世纪形而上学法学批判为“伦理法学”。

Pollock, *First Book of Jurisprudence*, 1898 (4 ed., 1918), 4 ed., pp.45－56.

“虽然法律和伦理准则有共同的基础,但二者的对象并不一样。法律规则所调整的行为领域,和道德准则所调整的并不一致,也没有被后者所包括;它们存在的目的是不一样的。”(第4版,第46页)

Pollock , *Essays in the Law*, 1922, pp.68－79.

讨论了大英帝国普通法判决和司法中的自然法。

Rttigan, *Science of Jurisprudence* (3 ed.), 1899, pp.3－11.

Roguin, *La règle de droit*, 1889, pp. 101－107.

Roguin, *La science juridique pure*, 1923, Ⅱ, 229－242.

Salmond, *First Principles of Jurisprudence*, 1893, chap. 1, especially §§ 14－18.

批判了有关法律和道德的分析性观点。

Salmond, *Jurisprudence*, 1902 (6 ed., 1920), § 72.

“每项权利对应着它所依凭的权利规则,并借由这一渊源获得名分。我对某一事物拥有一项权利,意味着我拥有该事物是正当的。”

Sidgwick, *Elements of Politics* (2 ed.), 1897, chap. 13.

Stone, *Law and its Administration*, 1915, lect. 2.

Willoughby, *The Nature of State*, 1896, pp.112－115.

Woodruff, *Introduction to the Study of Law*, 1898, pp.4－7.

Ⅲ

哲学的

Abate Longo, *Filosofia del diritto*, 1885, Ⅰ, 18－19.

伦理是共同的基础。道德关注个人的终极目的,而法律关注外在的社会关系中附前提的利益。

Abbot, *Justice and the Modern Law*, 1913, chap. Ⅰ.

历史形而上学。

“法律义务立基于道德义务。”(第3页)

Acollas, *Introduction à l'étude du droit*, 1885.

新卢梭主义的自然法。抨击了历史法学。

Acollas, *L'idée du droit* (2 ed.), 1889, pp. 9-10.

“对人类而言,规范(lois)有两种类型。两者都涉及人类的终极人性、组织动因和惩恶扬善的良知。它们的区别是,一方的调控领域趋于扩张,而另一方则趋于缩减,因为一方仅有的制裁——良知,从另一方获得了外在的社会性约束作为补充。前者构成道德科学,后者构成法律科学……法律完全立基于自由之上。”

Ahrens, *Cours de droit naturel*, 1837 (8 ed., 1892), 8 ed., Ⅰ, § 21.

Ahrens, *Juristische Encyklopädie*, 1855, pp. 35-39.

Arndts, *Juristische Encyklopädie*, (2 ed. 1850), 10 ed. by Grueber, 1901, § 13.

存在四点区别:(1)在法律上,人被考虑为一个自然人。也就是说,因为他有自由意志,而在道德上,我们不得不涉及判定向善的意志。(2)只有当个体与其他人生活在共同体之中时,才涉及法律考量;而道德即便是在他孤身一人时,也会给予指引。(3)法律只处理外部行为,而道德考虑动机——内在决定和意图趋向。(4)法律只能通过外在强制力进行调控,而道德寻求向善的自主选择。

Baumgarten, *Die Wissenschaft vom Recht und ihre Methode*, 1920, Ⅰ, §§ 1-12, especially § 10 (pp. 178-190).

Beaussire, *Les principes du droit*, 1888, pp. 24-30.

康德主义的。与阿莫斯(Amos)在《法律科学》第三章中的观点很相像。

Bélime, *Philosophie du droit*, 1855 (4 ed. 1881), Ⅰ, 173-282.

比较并区分了法律和道德。

Binder, *Rechtsbegriff und Rechtsidee*, 1915, pp. 121 ff.

批判了施塔姆勒(Stammler)。

Boistel, *Cours de philosopie du droit*, 1899, Ⅰ, §§ 30－39.

追随托马修斯(Thomasius)对法律和道德的区分,并展示波蒂埃(Pothier)是如何采纳了托马修斯的学说乃至其术语。此书为近代法国法的权威评论家们所追随。(第 64—65 页)

Bonnecase, *La notion de droit en France au dixneuvième siècle*, 1919.

评阅了 19 世纪各种不同的理论。

Boucaud, *Qu'est-ce que le droit naturel*? 1906, chap. 3.

复兴自然法。

Breuer, *Der Rechtsbegriff*, 1912, pp. 55 ff.

指出施塔姆勒的社会科学是应用伦理学的一部分。

Carle, *La vita del diritto* (2 ed.), 1890, §§ 280－283.

形而上的心理学著作。

Cathrein, *Recht, Naturrecht und positives Recht*, 1901, 169－182.

新经院主义。

Charmont, *La renaissance du droit naturel*, 1910, pp. 200－216 (transl. in *Modern French Legal Philosophy*, 133－145).

探讨了法律规范和个人良知问题。

Cogliolo, *Filosofia del diritto privato* (2 ed.), 1891, Bk. Ⅰ, § 8.

比较法律与道德,并提出了"对两者的彻底区分"。(第 113 页)

Cohen, *Jus naturale redivivum*, 1916. Reprinted from 25 Philosophical Review, 761.

Courcelle-Seneuil, *Préparation à l'étude du droit*, 1887, Bk. 3.

将耶利内克(Jellinek)的法律理论采纳为最低限度的伦理学。

Cruet, *La vie du droit*, 1908, pp. 86－179.

实证主义者。

Dahn, *Vom Werden und Wesen des Rechts*, 1879. Reprinted in *Rechtsphilosophische Studien*, 291. *Rechtsphilosophische Studien*, 305－306.

道德体系和法律原则上是互不相同的。道德是获取内在安宁的理性手段,而法律是获取外在安宁的理性手段。

Del Vecchio, *The Formal Bases of Law* (transl. by Lisle, 1914). The part referred to is a translation of Il *concetto del diritto*, 1906, §§ 96-111.

尝试统一法律与道德(第 107-108 节)。

"所谓法律与道德相冲突的事实是:一个行为可以成为不同判断的对象;它可以通过有别于实证制度规定的个体标准予以权衡。这种冲突并不存在于法律和道德之间,而存在于不同的伦理标准之间;所有这些标准予以适当运用的话,将促成一个和谐的司法价值体系,而每个体系内既定的逻辑关系仍将得到坚持。因此,我们必须牢记,法律和道德是互相关联的伦理部门,它们预设了一个共同的基础。"(第 108 节)

Demogue, Les notions fondamentales de droit privé, 1911, pp. 13 ff (transl. in *Modern French Legal Philosophy*, 365 ff).

采纳了耶利内克的观点,参见第 13 页,注释 3。

"法律是道德的一部分,那部分看起来是如此重要,以至于各种社会力量——不管是否是有组织的——应当将确保实现这部分道德作为自己的目标。"(第 13 页)

Dewey and Tufts, *Ethics*, 1909, pp. 456-470, especially 467-468.

Djuvara, *Le fondement du phénomène juridique*, 1913, §§ 93-99.

"用不着确认某些人所说的'法律的目标'应当是'实现道德',因为那不是一种适当的表述方式,或许可以说那种实现蕴含在法理念之中,即它是自身的一个逻辑结果。"(第 194 页)

Duguit, *L'état, le droit objectif et la loi positive*, 1901, pp. 101-105 (transl. in *Modern French Legal Philosophy*, 305-308).

法律有其社会行为基础。道德依据的是行为的内在价值。因此,争论法律和道德是无意义的。法律标准不同于道德标准。

Duguit, *Le droit social et le droit individual* (2 ed.), 1911.

导言和第 1、2 讲。

Everett, *Moral Values*, 1918. pp. 309-312.

Fichte, *Grundlage des Naturrechts*, 1796, new ed. Bu Medicus, 1908 (transl. by Kroeger as *The Science of Rights*, 1889). See Medicus, Fichte, 1905, lect. 6.

“费希特(Fichte)推演自己的法权(*Recht*)概念时,完全未曾参照道德准则(*Sittengesetz*)。他发现道德与法律之间存在深刻的区别。道德准则要求个人无条件地履行自己的义务,而法律规则只是允许而非要求个人行使自己的权利。”(梅迪库斯:《费希特》,第 97 页)

Fowler and Wilson, *Principles of Morals*, 1894, Ⅱ, 145–159.

Fragapane, *Il problema delle origini del diritto*, 1896, pp. 174–191.

遗传心理学作品。

Geny, *Méthode d' interprétation et sources en droit privé positif*, 1899 (2 ed. 1919), §§ 160–163 (2 ed. Ⅱ, 93–113).

新经院主义。

Geny, *Science et technique en droit privé positif*, 1914, vol. Ⅲ, 1921, Ⅰ, §§ 13–20, Ⅱ, §§ 141–159, especially 156.

Geyer, *Geschichte und System der Rechtsphilosophie*, 1863, pp. 3, 110–123.

追随了赫尔巴特(Herbart)。

“法律哲学是伦理学的一部分。”(第 1 页)

Green, *Principles of Political Obligation*, 1911. Reprint of lectures delivered 1879–1880, §§ 137–147, pp. 142–153.

探讨了个人良知与法律规范之间的冲突问题。

Grueber, *Einführung in die Rechtswissenschaft*, 1907 (5 ed. 1919), pp. 19–30.

Gutberlet, *Ethik und Naturrecht* (3 ed.), 1901, pp. 128–130.

罗马天主教神学。

法权(Recht)无法从道德(*Sittlichkeit*)中分离出来。

Harms, *Begriff, Formen und Grundlegung der Rechtsphilosophie*, 1889, pp. 92–121.

“法律的领地是道德的天下,法律在其间有一块明确的空间。”(第 93 页)

Hasner, *Filosofie des Rechts*, 1851, §§ 48–49.

比较了法律与道德。

Hauriou, *Principes de droit public* (2 ed.), 1916, pp. 7–17.

形而上学作品。

Heck, *Gesetzesauslegung und Interessenjurisprudenz*, 1914.

批判了法律规范的解释与适用理论。

Hegel, *Grundlinien der Philosophie des Rechts*, 1821 (ed. by Gans, 1840, new ed. by Lasson, 1911. Transl. by Dyde as *Hegel's Philosophy of Right*, 1896). See Reyburn, *The Ethical Theory of Hegel, A Study of the Philosophy of Right*, 1921, §§ 104 – 114.

Herbart, *Analytische Beleuchtung des Naturrechts und der Moral*, 1836. See Berolzheimer, *System der Rechts und Wirthschaftsphilosophie*, Ⅱ, § 36, iv; *World's Legal Philosophies*, 248 – 252.

基于心理学的伦理学;视法律哲学为伦理学的一个分支。

Herkless, *Jurisprudence*, 1901, chap. 6.

黑格尔学派的。

Hildebrand, *Recht und Sitte auf den primitiveren wirtschaftlichen Kulturstufen* (2 ed.), 1907.

经济文明与道德习俗、法律的关系。

Jellinek, *Die sozialethische Bedeutung von Rech, Unrecht und Strafe*, 1878 (2 ed. 1908), chaps. 1,2.

心理学、分析实证和社会功利主义作品。

Jhering, *Der Zweck im Recht*, 1877 – 1883 (4 ed., 1904). The first volume is translated by Husik under the title, *Law as a Means to an End*, 1913. chap. 9 (*Das Sittliche*), the whole of vol. Ⅱ. See especially Ⅱ, 189 ff.

社会功利主义的经典阐述。

Jouffroy, *Cours de droit naturel*, 1835 (5 ed., 1876), lect. 2.

Jung, *Das Problem des natürlichen Rechts*, 1912, §§ 3 – 5.

在司法实践中,无法通过既有法律规则之简单的涵摄性事实陈述予以解决的问题,在持续出现。在整个伦理领域之外,法律就某些义务施加了强制力,而这些义务也因此成为了法律义务。这种做法的背后是权利和法律的伦理基础。这是一个尝试界定什么是正确和什么是错误的过程。(第 10 节)

Kant, *Metaphysiche Anfangsgründe der Rechtslehre*, 1797 (2 ed. 1798. Transl. by Hastie as *Kant's Philosophy of Law*, 1887). See Caird, *The Critical Philosophy of Immanuel Kant*, Ⅱ, 292－350.

Kantorowicz, *Zur Lehre vom richtigen Recht*, 1909.

从社会学立场批判了关于正法(just law)的新康德主义理论。

Kirchmann, *Grundbegriffe des Rechts und der Moral*, 1869 (2 ed. 1873). See Sternberg, *Kirchmann und seine Kritik der Rechtswissenschaft*, 1908, 2 ed., 104－114.

社会功利主义的先驱。声称从法学立场来说,权利就是意愿与力量的结合。

Kohler, *Rechtsphilosophie und Universalrechtsgeschichte*, in Holtzendorff, *Enzyklopädie der Rechtswissenschaft*, Ⅰ (6 ed., 1904; 7 ed., 1913). Not in prior editions, §§ 9, 10.

Kohler, *Einführung in die Rechtswissenschaft*, 1902 (5 ed. 1919), § 1.

历史的新黑格尔主义立场。他承认法律与伦理习俗的历史界分,前者以政治组织团体的强制力为后盾。“道德形式作为一种更高的秩序,它位于法律之上。它并不借助于社会强制来统治个人,而是通过宗教规范或者后来的个人世界观的力量来进行统治。这种现象出现得比较晚。”

Kohler, *Lehrbuch der Rechtsphilosophie*, 1908 (3 ed. by Arthur Kohler, 1923. The first edition transl. by Albrecht, as *Kohler's Philosophy of Law*, 1914).

Krause, *Abriss des Systemes der Philosophie des Rechtes*, 1828, pp. 128－150. Enlarged and ed. by Röder as *System der Rechtsphilosophie*, 1874.

在比较法律与道德时,认为法律从属于道德。

Krückmann, *Einführung in das Recht*, 1912, § 2.

Lasson, System der Rechtsphilosophie, 1882, §§ 23－25.

黑格尔主义。

Lioy, *Filosofia del diritto*, 1875－1880. (transl. by Hastie from the third Italian edition as *Lioy's Philosophy of Right*, 1891). Hastie's transl.

I, 290 - 340.

Lorimer, *Institutes of Law* (2 ed.), 1880, pp. 353 - 367.

“法学的终极目标,是实现人文理想和人类完满所蕴含的理念。这个目标与伦理学的目标是一致的。……”

“法学的最大目标——作为一门独立科学所追求的目标——是自由。但是,自由作为人类彼此之间的理想关系,成为了实现人之完满的途径。因此,法学在实现其特殊或者最大目标时,就成为一条实现与伦理学所共有的终极目标的途径。”(第 353—354 页)

Löwenstein, *Der Rechtsbegriff als Relationsbegriff*, 1915, pp.39 - 68.

批判了耶利内克和施塔姆勒。

Merkel, *Juristische Encyklopädie* (2 ed.), 1900, §§ 68 - 80.

社会功利主义。

Miceli, *Principii di filosofia del diritto*, 1914, §§ 90 - 92.

心理学的。

Miller, Lectures on the Philosophy of Law, 1884, lect. 13.

黑格尔学派的。

Miller, *The Data of Jurisprudence*, 1903, chap. 6,“The Aim of Law”.

Miraglia, *Comparative Legal Philosophy*, transl. by Lisle, 1912, from the third Italian edition, 1903, chap. 8.

历史形而上学。

Niemeyer, *Recht und sitte*, 1902.

Pagel, *Beiträge zur philosophischen Rechtslehre*, 1914, pp. 60 - 81.

批判了舒佩(Schuppe)的理论。

Parsons, *Legal Doctrine and Social Progress*, 1911.

社会功利主义分析。

Paulsen, *System of Ethics* (transl. by Thilly, 1899), pp. 599 - 638.

Phillipps, *Jurisprudence*, 1863, pp. 5 - 9.

“道德科学包括了法学。”(第 5 页)

Picard, *Le droit pur*, 1899, reprinted, 1910, Bk. 9, The End of Law; Justice.

社会主义者。

Radbruch, *Einführung in die Rechtswissenschaft*, 1910, pp. 7-13.

实质上就是耶利内克的立场。

Radbruch, *Grundzüge der Rechtsphilosophie*, 1914, pp. 74-81.

相对主义心理学的社会功利主义。

Ratkowski, *Encyklopädie der Rechts und Staatswissenschaften*, 1890, §§ 8-47.

Röder, *Grundzüge des Naturrechts* (2 ed.), 1860, Ⅰ, §§ 36-44.

克劳森学派的。比较了洛里默(Lorimer)的观点。

Rosmine-Serbati, *Filosofia del diritto* (2 ed.), 1865, Ⅰ, 18-27.

形而上学(罗马天主教的)。

Rothe, *Traité de droit naturel*, 1885, Ⅰ, 27-83.

罗马天主教的。

Sauer, *Grundlagen der Gesellschaft*, 1924, pp. 414-422.

Schein, *Unsere Rechtsphilosophie und Jurisprudenz*, 1881, pp. 59-61.

Schuppe, *Grundzüge der Ethik und Rechtsphilosophie*, 1881, pp. 282-292.

Smith, G. H., *Elements of Right and of the Law* (2 ed.), 1887, §§ 455-481.

从自然法的立场,批判了关于法律与道德的分析性观点。

Smith, Munroe, *Jurisprudence*, 1908, pp. 6-14.

社会哲学的。用分析的方法区分了法律与道德。

Stahl, *Philosophie des Rechts*, 1829 (5 ed. 1878), 5 ed., Ⅱ, 191-195.

一个宗教解释。就像罗马天主教法学家和赫尔巴特主义者那样,尝试统一法律与道德。

Stammler, *Wirthschaft und Recht*, 1896 (2 ed. 1905), §§ 31-33, 67-68, 95, 96, 99.

新康德主义社会哲学。

Stammler, *Lehre von dem richtigen Rechte*, 1902, pp. 21-32, 52-121, 146-168, 196-200, 285-291, 361-386, 447-496 (transl. by Husik as *The Theory of Justice*, 1925).

"所有实在法都致力于成为正法(just law)。"(第 31 页)

Stammler, *Wesen des Rechts und der Rechtswissenschaft in Systematische Rechtswissenschaft* (Kultur der Gegenwart) 1906, pp. xviii - xxviii.

Stammler, *Theorie der Rechtswissenschaft*, 1911 (2 ed. 1923), pp. 437 - 558.

Stammler, Lehrbuch der Rechtsphilosophie, 1922 (2 ed. 1923).

Stampe, *Grundriss der Wertbewegungslehre*, 1912, Ⅰ, 1 - 10.

社会功利主义。

Stephen, *Science of Ethics* (2 ed.), 1907, chap. 4.

Sternberg, *Allgemeine Rechtslehre* (2 ed.), 1904, Ⅱ, § 1. As *Einführung in die Rechtswissenschaft*, 1912, 1922.

社会功利主义。

Steudel, *Kritische Betrachtungen über die Rechtslehre*, 1884, pp. 162 - 171.

回顾了康德以来有关法律与道德之关系的理论。

Stirling, *Lectures on the Philosophy of Law*, 1873, lect. 3.

黑格尔哲学。

Sturm, *Die psychologische Grundlage des Rechts*, 1910, § 22 (pp. 135 - 155).

新康德主义。批判了生物社会学理论。

Tanon, *L'évolution du droit et la conscience sociale* (3 ed.), 1911, pp. 170 - 176.

社会功利主义。

Taparelli, *Saggio teoretico di diritto naturale* (2 ed.), 1883, Ⅰ, §§ 103 - 123.

Tissot, *Introduction philosophique à de l'étude du droit*, 1875, Ⅱ, 228 - 271.

形而上学的。比较了法律与道德。参见详尽的比较，Ⅱ, 252 - 255。

Trendelenburg, *Les principes philosophiques de l'histoire du droit*, 1919 (transl. by Read as *Philosophy in the Development of Law*, 1922), Ⅱ, chaps. 7, 14.

Trendelenburg, *Naturrecht auf dem Grunde der Ethik*, 1860 (2 ed. 1868), §§ 7 - 15.

将法律从道德中分离出来，以及将制定法从伦理习俗中分离出来，所招致的法利赛人(Pharisee，公元前 2 世纪到公元 2 世纪犹太教的一派，标榜墨守传统礼仪，强调严格解释和遵守摩西法律。——译者)那样的外在形式主义，应当予以抛弃。法学科学的人为独立——被假象为一种进步，不但在理论上歪曲了法律，还剥夺了法律生活的价值。它加速了法律机械主义的形成，并抽掉了法律这个观念的灵魂。(第 2 版，第 21 页)

Vareilles-Sommières, *Les principles fondamentaux du droit*, 1889.

罗马天主教的自然法。主要致力于批判革命的自然权利学说。

Wallaschek, *Studien zur Rechtsphilosophie*, 1889, pp. 52 - 63.

Watt, *An Outline of Legal Philosophy*, 1893, chaps. 3, 11, 12.

黑格尔学派的。

Whewell, *Elements of Morality* (4 ed.) 1862, pp. 209 - 230.

Wundt, *Ethics* (transl. by Titchener and others, 1902 - 1907), Ⅰ, 276 - 280; Ⅱ, 135 - 136.

Ⅳ

社会学和社会哲学方面的

Baldwin, *Social and Ethical Interpretations* (4 ed.) 1906, chap. 15.

论述了个人良知与法律之间的冲突，参见第 562—568 页。

Bonnucci, *L' orientazione psicologica dell' etica e della filosofia del diritto*, 1907.

Cardozo, *The Nature of the judicial Process*, 1921, lect. 2, "The Method of History, Tradition, and Sociology"; lect. 3, "The Method of Sociology: The Judge as a Legislator".

Cardozo, *The Growth of the Law*, 1924.

Cosentini, *Filosofia del diritto*, 1914.

主要部分是第十章第 179 页以下。该书还有一份上乘的参考书目。

Coudert, *Certainty and Justice*, 1914, chaps. 1 - 3.

一个经济的、阶级利益的解释。

“事实是，一方面需要稳定性，另一方面需要灵活性、适应当下其他方面的社会标准，法院在两者之间摇摆不定。在一个进步社会中，法律不可能是一成不变的。同样不可能的是，法院能够按照主流公平观念制作决定并避免引发某些不确定性，因为道德标准经常波动，在新情势和不可预见情势中的适用状况也起伏不定。新观点经常起源于经济变化，因为社会和经济条件的变动，关于自然权利或者个人自由的许多观点，在19世纪被认为是很重要的，而在20世纪几乎得不到公众舆论的支持。”（第12—13页）

Ehrlich, *Grundlegung der Sozilologie des Rechts*, 1913, chap. 4.

对法社会学做了最重要的阐述。

Hobhouse, *Morals in Evolution*, 1906, Ⅰ, chap. 3.

Kornfeld, *Soziale Mactverhältnisse*, 1911, § 16.

作为法律渊源和判决因素的权利感。

Lagorgette, *Le fondement du droit et de la morale*, 1907.

社会功利主义。

Letelier, *Jenesis del derecho*, 1919, §§ 77 - 89.

Levi, *La société et l'ordre juridique*, 1911. Transl. from the Italian, published 1910, pp. 95 - 114, 184 - 193, 344 - 375.

Levi, *Contributi ad una teoria filosofica dell' ordine giuridica*, 1914, §§ 4 - 6, 22 - 24.

经济、法律和道德的关系是：个人自我意识——经济；社会自我的意识——法律；自我自治的意识——道德。因此：个体评价——经济；社会评价——法律；普遍评价——道德。

McDoungall, *Social Psychology* (11 ed.), 1916, chap. 15.

Oertmann, *Rechtsordnung und Verkehrssitte*, 1913, pp. 1 - 29.

Pontes de Miranda, *Systema de ciencia positiva do direito*, 1922, Ⅰ, 391 - 426.

Post, *Die Grundlagen des Rechts*, 1884, § 3.

生物社会学的。

“法律和道德的终极基础是相同的。在更广的意义上，法律只是道德的一个分支。”(第 18 页)

Rolin, *Prolégomeènes à la science du droit*, 1911.

社会心理学的。

“在现实中，每项法律规范对应着一条演进中的道德准则。在法律规范继起之后，它倾向于使道德准则得到普遍地遵从。所有的法律规范在实现了目的之后就会消失，而法律作为一种社会现象也将随之消亡。”(第 124 页)

Ross, *Social Control*, 1904, chap. 11.

Seitz, *Biologie des geschichtlich positiven Rechts*, 1906 – 1910, Ⅱ, 439 – 460.

生物社会学的。

Tarde, *Les transformations du droit*, 1894 (6 ed. 1909), chap. 6.

社会心理学的。

Vacca, *Il diritto sperimentale*, 1923, pp. 50 – 55, 163 – 189.

Vaccaro, *Le basi del diritto e dello stato*, 1893 (transl. as *Les bases sociologiques de droit et de l'état*, 1898). French transl, 466 – 459.

生物社会学的。

Vander Eycken, *Méthode positive de l'interprétation juridique*, 1907, §§ 39 – 42, 115 – 124.

Vanni, *Lezioni di filosofia del diritto* (3 ed.), 1908. First published 1901 – 1902, pp. 24 – 34.

社会心理学的。

Wurzel, Das, *juristische Denken*, 1904 (transl. in *Science of Legal Method*), pp. 62 – 66. *Science of Legal Method*, 371 – 377.

从社会心理学出发，探讨了伦理规范对法学和司法思维的影响。

索　引

（索引页码为原书页码，即本书边码）

C

D

E

F

G

T

W